科学家精神丛书

科学家精神
SPIRIT OF SCIENTISTS

爱国篇

科学家精神丛书编写组 ◎ 编

科学技术文献出版社
SCIENTIFIC AND TECHNICAL DOCUMENTATION PRESS

·北京·

图书在版编目（CIP）数据

科学家精神.爱国篇/科学家精神丛书编写组编.—北京：科学技术文献出版社，2020.5（2023.5重印）
（科学家精神丛书）
ISBN 978-7-5189-6751-3

Ⅰ.①科… Ⅱ.①科… Ⅲ.①科学家—列传—中国 Ⅳ.① K826.1

中国版本图书馆 CIP 数据核字（2020）第 079957 号

科学家精神·爱国篇

策划编辑：丁坤善 李 蕊 责任编辑：马新娟 责任校对：王瑞瑞 责任出版：张志平

出 版 者	科学技术文献出版社
地　　　址	北京市复兴路15号　　邮编　100038
编 务 部	（010）58882938，58882087（传真）
发 行 部	（010）58882868，58882870（传真）
邮 购 部	（010）58882873
官方网址	www.stdp.com.cn
发 行 者	科学技术文献出版社发行　全国各地新华书店经销
印 刷 者	北京时尚印佳彩色印刷有限公司
版　　　次	2020年5月第1版　2023年5月第2次印刷
开　　　本	710×1000　1/16
字　　　数	164千
印　　　张	13.75
书　　　号	ISBN 978-7-5189-6751-3
定　　　价	86.00元

版权所有　违法必究

购买本社图书，凡字迹不清、缺页、倒页、脱页者，本社发行部负责调换

编审委员会名单

主　任：王志刚
副主任：李　萌
委　员：戴国庆　李桂华　苗　鸿　高　翔
　　　　　戴国强　赵志耘　李　普　许志龙

序 言
PREFACE

我国科学家是充满理想和献身精神、具有优良传统的群体。长期以来,一代又一代科学家怀着深厚的爱国主义情怀,以忠诚和担当、智慧和才能、奉献和牺牲,为祖国和人民作出了彪炳史册的重大贡献,铸就了"两弹一星""载人航天"等光照千秋的精神丰碑,展现了高尚人格风范和优良作风学风。

进入新时代,世界正经历百年未有之大变局,我国正处于实现中华民族伟大复兴的关键时期,以习近平同志为核心的党中央审时度势、高瞻远瞩,提出创新是引领发展的第一动力,把科技创新放在国家发展的核心位置,开启了建设世界科技强国的伟大征程。伟大的事业需要伟大的精神。面对新形势、新挑战,党中央、国务院及时决策部署,中办国办印发《关于进一步弘扬科学家精神加强作风和学风建设的意见》,在继承发扬我国科技界优秀传统和进一步凝练升华宝贵精神基础上,以爱国、创新、求实、奉献、协同、育人为核心,系统概括阐释新时代科学家精神,全面提出加强作风和学风建设的工作部署,对筑牢科技界共同的价值观念和思想基础,激励和引导广大科技工作者接力精神火炬,奋进新的长征具有重要意义。

科学家精神 爱国篇

弘扬科学家精神，要坚持党的领导。要深入学习贯彻习近平新时代中国特色社会主义思想，特别是关于科技创新的重要论述、关于学风建设的重要批示指示，引导广大科技工作者提高政治站位，牢固树立"四个意识"，坚定"四个自信"，做到"两个维护"，把党的领导贯穿到科技工作全过程，确保沿着正确方向砥砺前行。

弘扬科学家精神，要深刻理解和准确把握其内涵实质。新时代科学家精神内涵丰富，汲取了世界科技文明的精髓，吸收了中华优秀传统文化的精华和社会主义核心价值观的要义，把胸怀祖国、服务人民的爱国精神，勇攀高峰、敢为人先的创新精神，追求真理、严谨治学的求实精神，淡泊名利、潜心研究的奉献精神，集智攻关、团结协作的协同精神，甘为人梯、奖掖后学的育人精神融为一体，既传承精神血脉，又蕴涵时代特点，构成了中国科学家独特的精神内核。发之于中，必行于外。科学家精神是我国科学家创新进取的内在动力，优良的科研作风学风是率先垂范的外在表现。要把弘扬科学家精神与作风学风建设有机结合起来，统筹推进。

弘扬科学家精神，要突出价值引领。要大力宣传科学家榜样典范，把握主基调，唱响主旋律，倡导科技报国，倡导严谨求实，倡导潜心钻研，倡导理性质疑，倡导学术民主，发挥示范带动作用，激励和引导广大科研人员争做"重大科研成果的创造者、建设科技强国的奉献者、崇高思想品格的践行者、良好社会风尚的引领者"，引领全社会尊重科学、投身科学，凝聚起建设世界科技强国的强大动力。

弘扬科学家精神，要坚持久久为功。要进一步深化科技体制机制改革，突破不符合科技创新规律和人才成长规律的制度藩篱，正确发挥评价引导作用，为科技工作者潜心科研、拼搏创新提供良好政策保障。要坚守诚信底线，严守科研伦理规范，反对浮夸浮躁、投机取巧和"圈子"文化，营造风清气正的科研环境。要加大科学家精神宣传力度，创新宣传方式，讲好科技工作者科学报国故事，让科学家成为年青一代的偶像，在全社会形成热爱科学、尊崇创新的氛围。

为大力弘扬科学家精神，推动科技界树立优良作风学风，做好《关于进一步弘扬科学家精神加强作风和学风建设的意见》的贯彻落实工作，科技部组织编辑出版了《科学家精神》丛书，从爱国、创新、求实、奉献、协同、育人等方面，讲述新中国成立70年来为国家富强、民族振兴、人民幸福做出突出贡献的优秀科学家先进事迹，生动展示他们科学报国、甘于奉献、勇于创新的崇高精神和优良作风学风。希望这套丛书能够帮助广大科技工作者、社会公众、青少年进一步理解新时代科学家精神深刻内涵，激励大家以这些科学家为楷模，为建设世界科技强国、实现中华民族伟大复兴作出更大贡献。

科技部党组书记、部长

2020年4月

前　言
FOREWORD

创新是引领发展的第一动力，人才是我国经济社会发展的第一资源。党的十八大以来，以习近平同志为核心的党中央高度重视科技事业，对广大科学家群体寄予深切厚望。2019年6月，中共中央办公厅、国务院办公厅印发《关于进一步弘扬科学家精神加强作风和学风建设的意见》，明确提出"以塑形铸魂科学家精神为抓手，切实加强作风和学风建设，积极营造良好科研生态和舆论氛围"。

为贯彻习近平总书记重要指示精神和党中央国务院决策部署，科技部决定组织编辑出版宣传新时代科学家精神、倡导优良作风学风的"科学家精神丛书"。本丛书结合当前科研作风学风建设实际，面向广大科技工作者、社会公众、青少年等读者对象，在《人民日报》《光明日报》《科技日报》等权威媒体科学家事迹相关宣传报道的基础上，以新中国成立70年来不同时期受到表彰宣传的科学家为主，通过一系列科学家的故事，力求深刻诠释、生动展示科学家精神的实质和内涵，以期在全社会深入弘扬新时代科学家精神，全面加强科研作风和学风建设，助力创新驱动发展战略深入实施，为加快推进世界科技强国建设提供保障。

新时代科学家精神是胸怀祖国、服务人民的爱国精神，是勇攀高峰、敢为人先的创新精神，是追求真理、严谨治学的求实精神，是淡泊名利、潜心研究的奉献精神，是集智攻关、团结协作的协同精神，是甘为人梯、奖掖后学的育人精神。这些精神特质，既有在科学技术发展过程中积淀的品格、方法和规训，又强调社会责任、价值观念等伦理维度，是仰望星空对真理的追求和脚踏实地创新探索的统一。

本丛书以此为依据，共分 6 册，分别为爱国篇、创新篇、求实篇、奉献篇、协同篇、育人篇。每一册围绕该册主题，以科学家出生时间为序，精选若干科学家的相应事迹，同时，每篇文章还设有"人物简介"，以便于让读者更好地了解科学家所从事的领域及取得的成就。

《科学家精神·爱国篇》以"大力弘扬胸怀祖国、服务人民的爱国精神"为主题，记述了 32 位科学家生动感人的爱国事迹。他们有的放弃国外优厚条件义无反顾回国，有的服从国家需要不惜改变自己的研究方向，有的为祖国攻坚克难隐姓埋名，有的为了造福人民几十年如一日默默耕耘……本册力图挖掘他们深挚坚定的家国情怀，继承和发扬老一代科学家艰苦奋斗、科学报国的优秀品质，弘扬"两弹一星"精神，激励广大科技工作者坚持国家利益和人民利益至上，以支撑服务社会主义现代化强国建设为己任，为攻克事关国家安全、经济发展、生态保护、民生改善的基础前沿难题和核心关键技术不懈努力。

科技部领导高度重视丛书编辑出版工作，王志刚部长亲自为丛书作序，并和李萌副部长指导确定编写原则和编辑出版方案。科技部科技监督与诚信建设司会同办公厅、中国科学技术信息研究所、科技日报社、科学技术文献出版社等单位具体组织了丛书编辑出版工作，资源配置与管理司给予了大力支持。戴国庆、冯楚建、吕静、陈如标、刘琦岩等同志带领团队研究确定丛书定位、框架提纲、实施进度等整体方案，对丛书内容进行审核把关。赵为、冷文生、王中阳、王小龙等同志做了大量协调工作。

科学技术文献出版社胡红亮、丁坤善、李蕊、丁芳宇、郝迎聪、崔静、刘伶、张闫、于松竹、魏宗梅、文正、崔蕤、刘英、杨杨等同志组成工作专班，收集筛选大量资料，围绕各册主题遴选具有代表性的科学家事迹，整理改编相关内容，具体承担了丛书编写工作。书稿形成后邀请相关领域专家进行了审稿，最后由王志刚部长、李萌副部长和编审委员会成员审定丛书内容。在此对给予本套丛书编辑出版工作关心指导支持的各位领导、同志和有关单位表示衷心的感谢！

因时间紧迫、能力和水平有限，书中错误和不足在所难免，敬请批评指正。

编写组

2020年4月

目　录
CONTENTS

1	**李四光**	急国所急　赤诚报国
7	**茅以升**	立强国之志　建强国之桥
15	**周培源**	科学救国的和平使者
21	**王淦昌**	我愿以身许国
28	**赵九章**	为国谱写"东方红"
35	**郭永怀**	不忘初心志报国　留取丹心照长空
42	**华罗庚**	永远做祖国忠实的儿子
49	**钱学森**	我的归宿在中国
55	**钱三强**	做国家有用之才
61	**王大珩**	赤子丹心　中华之光
67	**彭桓武**	回国不需要理由
72	**任新民**	历尽艰辛　报效祖国
79	**陈芳允**	竭诚为国兴　努力不为私
87	**吴大观**	航空报国　勇做中国心
91	**黄纬禄**	铸中华神剑　壮民族之胆
97	**屠守锷**	心守祖国　铸大国利剑
104	**吴自良**	国家的需要就是我的研究方向
110	**钱　骥**	愿为祖国负重疾驰
116	**程开甲**	半生埋名　为国铸盾

科学家精神 爱国篇

- 121 **师昌绪** 我是中国人，中国需要我
- 127 **杨嘉墀** 义无反顾　情注一生
- 134 **王希季** 让中国的星辰闪耀太空
- 141 **姚桐斌** 赤诚爱国情
- 147 **陈能宽** 为国奉献　澎湃一生
- 152 **邓稼先** 献身国防　铸就辉煌
- 160 **朱光亚** 把血汗洒在祖国的大地上
- 167 **黄旭华** 许身深潜　科研报国
- 173 **顾方舟** 给国人造一艘远离脊灰的方舟
- 179 **于　敏** 祖国利益高于一切
- 185 **孙家栋** 问苍穹　探月宫　家国栋梁
- 192 **周光召** 矢志不渝强国梦
- 197 **黄大年** 用生命谱写报国人生

李四光
急国所急　赤诚报国

李四光（1889年10月—1971年4月），地质学家、教育家和社会活动家。发现第四纪冰川遗迹，其成果为第四纪地质、地理和气候等方面的研究奠定了基础，并对国家水文、工程等建设做出了贡献。创立地质力学，并以相关理论指导找煤、石油、铀、地热等能源及防治自然灾害等。入选100位新中国成立以来感动中国人物。入选"庆祝中华人民共和国成立70周年大型成就展"1960—1969年英雄模范人物。

从造船救国，到为国找矿，再到地质研究；从在外求学，到克服重重困难重回祖国。在科学救国的道路上，他不曾动摇、不曾停歇。祖国的河山处处印下他坚实的足迹。为救国而学习，为建设祖国而奋斗，李四光的一生一直为实现救国强国之梦而拼搏。

努力向学　蔚为国用

李四光1889年10月出生于湖北黄冈，原名李仲揆。14岁那年，李四光报考湖北第二高等小学堂，在填写报名单时，他错把年龄"十四"填写在姓名栏，不舍得再买一张报名单的他，灵机一动将"十"添了笔画改为"李"，又将上方悬挂的大匾所书"光被四表"之"光"作为姓名最后一字，就这样，通过考试后，14岁的"李四光"被学校录取。天资聪颖、勤奋努力的他每次考试都名列前茅，学习未满两年，李四光考取了学校提供的留学日本的指标，东渡扶桑，学习知识。最初三年，李四光在宏文学院认真学习学校开设的各门课程，并结识了宋教仁、马君武，眼界大开，学识倍增，先进思潮也积极地影响着李四光。1905年7月的一天，在孙中山先生亲自主持下，16岁的李四光成为第一批同盟会会员。会上，孙中山先生将"努力向学，蔚为国用"送予李四光，以示勉励，而李四光也一生都在践行着这八个字的真意。

1907年7月，李四光从宏文学院毕业，考入日本大阪高等工业学校。

日本当时军事工业很发达，与海军有关的造船业尤其先进。李四光忘不了8岁那年父亲为反抗日本入侵，在乡间结社的情景，他想知道日本的造船业究竟发展到哪一步，中国怎样才能迎头赶上。因此，在选择志愿时，他填写的是"船用机关专业"，希望能为祖国造出强大的轮船，以坚船利炮救中国。

1910年，李四光学成归国。

李四光　急国所急　赤诚报国

辛亥革命爆发后,他先后担任湖北军政府理财部参议和实业部部长。湖北的实业当时在国内还比较发达,但因战事影响,一些实业单位遭受严重破坏,就在李四光积极恢复、建设家园之时,辛亥革命失败,李四光发觉自己"科学救国"的抱负没有了施展的空间,毅然辞官,返归校园继续寻求救国之方。1913年,李四光再次离开祖国求学。在英国伯明翰大学,他选择了采矿专业,但一年后,他决定改学地质专业。因为他发现中国当时急需寻找铁矿资源,缺乏铁矿很难炼出钢铁,造出轮船,只有学了地质才能知道矿产在哪儿。从学造船到学采矿,再到转学地质,李四光两次改换专业背后的原因只有一个——国家需要!

不要金钱　我要回国

1918年,李四光完成了题为《中国之地质》的优秀毕业论文,通过答辩,取得硕士学位。李四光的导师包尔顿教授找到他,表示可以向一家需要地质工程师的印度公司推荐他,工资、待遇极其优厚。与此同时,李四光收到中国地质界的创始人之一——丁文江先生的邀请电,电文表示蔡元培先生到北京大学任校长,殷切希望海外学子学成后回国,到北京大学任教。李四光做出选择,放弃待遇优厚的国外工作,不要金钱,回到祖国,有力气要在自己的国土上施展。李四光谢绝了包尔顿教授的推荐,理由是之所以来国外求学,是要为自己的国家服务。带着为真理奋斗的治学精神,带着报效祖国的满腔热血,他回到了这片自己深爱着的热土。

回国后,李四光一面教书,一面进行科学研究。1921年,他在太行山东麓和大同盆地,第一次发现了第四纪冰川作用的遗迹,写成《华北晚近冰川作用的遗迹》一文,发表在英国的《地质杂志》上,从而为中国新生代研究揭开了新的一页。此后,他在长江中下游、江西庐山、安徽黄山和华南其他地方开展进一步调查,发表了一系列关于中国第四纪冰川的著作,其中《冰期之庐山》是其代表作之一。此外,他为了把含煤地层划分清楚,着重关注相关地层及其所含生物群,尤其是他所发现的䗴科化石,其专著之一《中国北部之䗴科》产生了深远影响。

1928年,李四光应蔡元培先生之邀担任中央研究院地质研究所所长,为推进我国地质理论研究和进行全面地质勘探而努力。1934年,李四光应邀赴英国讲学,在国际地质学界赢得了极高声誉。这一期间,其重要专著《中国地质学》开始着手整理并准备出版。他曾在英国的讲坛上大义凛然地表达"西藏是中国不可分割的一部分"这一坚定事实,这在当时帝国主义瓜分中国之心不死的战乱年代,其勇气之非凡、爱国心之强烈令人敬佩。1936年,李四光回国,在抗日战争的烽火中,他带领地质同人辗转祖国大地,在广西、贵州、四川等地,找煤、找铁、创办科学实验馆等,积极支援抗日。

冲破阻挠　奔向祖国

1947年,李四光作为中国地质学会的代表被邀请到英国伦敦参加第十八届世界地质学大会。会议结束后,正逢国内局势动荡,李四光在夫人的陪伴下,搬至英国的海滨城市伯恩茅斯暂住,一边养病一边等待回国。在博恩默斯的日子里,李四光无时无刻不在渴盼着回到祖国,他每天要翻阅许多报纸,寻找有关国内形势的报道。1948年10月的一天,李四光在英国报纸上看到了沈阳解放的消息,激动地对夫人说:"我们马上要做好回国的准备。"李四光很快就去申请法国、瑞士、意大利的过境签证,并预订了1949年9月的货船票。那时办这些手续要等待很长的时间,在这差不多一年的时间里,李四光不断和南京地质所的同人联系,支持他们坚守南京,反对搬迁,为新中国地质科学事业保留了一支队伍及设备。1949年9月,中国人民政治协商会议第一届全体会议在北平开幕。李四光被列入政协委员的名单,当时他自己还不知道。正在准备离开英国的前

李四光　急国所急　赤诚报国

一个月，一位友人突然告诉李四光：国民党当局已通知驻英大使郑天锡，要李四光发表一个拒绝作全国政协委员的声明，如不发声明，国民党大使馆将采取措施将他扣留，再送往台湾。得知此消息后，李四光决定他一个人先走，等他找到一个比较安全的地方再让夫人来会合。一切安排妥当后，李四光给郑天锡写了一封信，表示他绝不会发表这种声明，并已启程回国，并劝告郑天锡"回头是岸"。李四光刚离开伯恩茅斯的第二天，郑天锡就派人到李四光住处，李四光夫人说："我的丈夫已经回国了，他绝对不会发表你们要他发表的声明。"并把李四光写给郑天锡的信交给了来人。李四光只身先行离开伦敦后前往法国，夫人随后出发与他会合。因为担心李四光夫妇的安全，周恩来总理亲自部署其回国事宜。在欧洲，李四光夫妇先后辗转法国、瑞士、意大利，历时半年多，终于在1950年4月取道香港，踏上新中国的土地。

急国所急　为国奉献

回国后，李四光即肩负重任，接受党中央的委托组建全国的地质机构，担任"中国地质工作计划指导委员会"主任，开始筹组机构、恢复地质勘探和调配稀缺分散的地质人员。1952年，中央人民政府地质部成立，李四光担任部长。新中国成立之初，探明的能源储量很少，国际上一些国家大肆散布"中国贫油论"，并对中国进行石油封锁，对新中国建设极为不利。为解决石油问题，我国决定在全国开展大规模石油勘察工作。李四光认为三个最大的可能含油区分别是：青藏、西康、云南至缅甸的大地槽；阿拉善到陕北盆地；东北至华北平原。1955年春，李四光担任全国石油普查委员会主任，召集精锐部队，挑选优秀先锋，组成六路分队，开赴新疆、柴达木、鄂尔多斯、四川、华北、松辽平原，开始勘探。在指导石油普查工作中，李四光不仅在战略上指出含油的远景区，而且在战术上对石油普查的方法、步骤及普查过程中发生的实际问题都很重视。他几乎对每一地区的石油普查工作都有过许多具体指导。在李四光和科研工作者及广大人民群众的共同努力下，我国终于在1959年发现了震惊世界的大庆油田，并陆续发现胜利、大港、华北、江汉等多个油田，彻底摘掉所谓"贫油"的帽子。找到了石油，为新中国建设得以飞速发展做出了重要贡献，但我国原子能事业的发展，还需要一种关键元素"铀"。1954年春，李四光在地质部普查委员会内设立了第二办公室，专门负责铀矿资源的普查勘探工作。李四光一手抓寻找石油，一手抓寻找放射性铀矿床。他运用地质力学理论，指导"找铀队伍"发现一系列铀矿床，为中国原子弹和氢弹的研制成功做出了突出贡献。

1958年，李四光当选为中国科协第一届主席。在李四光的领导和推动下，中国科协积极开展学术交流、科学普及和群众性科学实验活动，在团结广大科学工作者向科学技术进军，建设新中国、推动经济社会发展、保障国家安全等方面做出了很大贡献。

爱国奉献，一心为国。李四光不仅是一位卓越的科学家，而且是一位坚定的爱国主义者。在国家建设急需能源的时候，李四光致力用科学理论指导勘探，最终使滚滚石油在祖国大地喷薄而出，击溃了"中国贫油"的不实论调；在国防建设急需铀的时候，李四光又指导"找铀队伍"发现了铀矿，为我国原子能事业发展做出重要贡献。李四光在我国地质勘探、地震预报、人才培养、科学知识普及等方面也倾注了大量心血。李四光的一生，"努力向学，蔚为国用"。他追求科学真理，心向祖国怀抱，急国家之所急，想国家之所想，为了他所热爱的祖国，全力以赴，奋斗终生，倾其赤子忠诚！

（摘编自《李四光传》，王静，河南文艺出版社，2017年；《地质之光——纪念卓越的地质学家李四光诞辰120周年》，马胜云，原载于《中国地质教育》，2009年第4期；《李四光历经艰难回到祖国》，李林，原载于《纵横》，1999年第3期。由刘伶整理）

茅以升
立强国之志　建强国之桥

茅以升（1896年1月—1989年11月），桥梁工程专家，中国科学院院士。我国土力学的开拓者，也是杰出的科普工作者。20世纪30年代打破外国人的垄断，在自然条件比较复杂的钱塘江上主持设计、修建了钱塘江大桥，成为中国桥梁史上的一个里程碑。在工程教育中，始创启发式教育方法，致力教育改革，培养了一批杰出的桥梁工程专门人才。主持中国铁道科学研究院30余年，为铁道科学技术进步做出了卓越贡献。入选"庆祝中华人民共和国成立70周年大型成就展"1980—1989年英雄模范人物。

20世纪30年代，抗日战争爆发之前，茅以升临危受命主持修建钱塘江大桥。为了建桥，他不顾个人安危。面对"没有工艺、没有设备、没有经验，天上还有日本人的飞机"等诸多困难，茅以升和他的工友废寝忘食，甚至不惜冒着生命危险，解决了建桥中的一个个技术难题，最终打破了国

外专家的断言，建成了中国人自己设计并建造的第一座现代化大型桥梁，结束了中国近代大桥设计和建造由外国人包揽的尴尬历史，为中国现代桥梁史翻开了崭新的一页。钱塘江大桥更是一座凝结着民族精神的爱国之桥。

立志造桥　归国为民

众所周知，茅以升声名鹊起是从设计修建钱塘江大桥开始的，而其建桥的志向早在儿时就已经形成了。幼年经历的一次桥梁挤塌事故，对茅以升产生了深远影响，从此他的人生便与桥结下了不解之缘。那是1905年的端午节，位于秦淮河夫子庙的文德桥同往年一样热闹非凡，桥上挤满了观看龙舟比赛的大人和孩子。由于年久失修，文德桥一侧的栏杆突然倒塌，桥身随即倾覆，数百人落水，多人溺水而亡。那时年仅9岁的茅以升正在南京求学，他的一个小伙伴不幸在这次事故中丧生。得知噩耗的茅以升赶到河边，面对惨状痛心不已，在断裂的文德桥边，他说："我长大后一定要做一个造桥的人，造的大桥结结实实，永远不会倒塌。"长大了一定要造结实的大桥，少年时立下的宏伟誓言成为茅以升一生的座右铭。

为了实现自己的桥梁梦，大学期间，茅以升学习极为勤奋，仅他整理的笔记就多达200余本，近千万字，这些笔记摞起来有一人多高，正是这种超越常人的勤奋，使得他在校期间一直保持全班第一的优异成绩。

20世纪初，新民主主义革命风起云涌，此时的茅以升正值热血沸腾的年华。经历过中国革命热潮的洗礼，尤其是在亲耳聆听了孙中山先生"今日之世界，非铁道无以立国"演说的启迪后，青年茅以升对于"国家"二字有了更深的领悟，也更加坚定了"铁路救国"的思想，从此他便在科学救国的道路上一路笃行，再也没有回头。

茅以升 立强国之志 建强国之桥

在国内求学期间，茅以升并不是两耳不闻窗外事，对于身处内忧外患的祖国，他的内心时刻涌动着惊涛骇浪。他在后来的一篇文章中写道："一千多年前造的中国石拱桥至今蜚声全球，可是到了铁路运输产生后却远远落后了。国内仅有的几座像点样的铁路大桥都是外国人修的，这是我们学工程的人的最大耻辱。"

20世纪初，青年茅以升以优异成绩被保送至美国康奈尔大学留学。在那里，他用超凡实力打破了教授对他的质疑，仅用一年时间就以优异的成绩取得了硕士学位。可是，他依然没有满足。为了尽快掌握造桥的实际本领，进一步学习桥梁力学等方面的理论知识，茅以升甚至想出了半工半读的主意，白天在桥梁公司实习，晚上去夜校攻读博士学位，星期天则去图书馆埋头苦读。有一次，茅以升在图书馆的一角看书入了神，闭馆钟声响了他都没有听见，也没被人发现，竟被管理员锁在了图书馆里。

1919年11月，依靠超乎常人的毅力和争分夺秒的勤奋，茅以升以优异的成绩完成了博士论文答辩，成为卡内基理工学院第一个工科博士。由于在论文《框架结构的次应力》中提出了独特的创新，茅以升获得了康奈尔大学颁发的"斐蒂士"金质奖章。该奖章全校每年只发一枚，奖给康奈尔大学研究生中的最优秀者。2006年，卡内基·梅隆大学在校园里专门塑造了茅以升雕像，这是该校建校百余年历史上第一尊人物纪念雕像，可见该校对这位华人杰出校友的尊崇。

毕业后，面对几所著名大学和几家桥梁公司的争相邀请，茅以升经过深思熟虑，最终决定重返祖国。"纵然科学没有国界，科学家是有祖国的。我是中国人，我的祖国更需要我！"茅以升决心要为贫弱的祖国奉献自己全部的知识和才能，实现儿时的造桥理想，在祖国的江河上架起一座座跨越碧波的长虹。

以柱立桥　以人立国

1934年，回国后的茅以升出任钱塘江大桥桥工处处长，受命开始主持建造第一座由中国人自己修建的钢铁大桥。之前，在中国的大川大河上，虽已有一些大桥，但都是外国人造的：济南黄河大桥是德国人修的，蚌埠淮河大桥是美国人修的，哈尔滨松花江大桥是俄国人修的……茅以升担负着一项前所未有的重任，他要用自己的智慧来证明中国人有能力建造现代化大桥。

建桥并非一帆风顺，在这座大桥修建的背后，有着难以想象的困难和曲折。1935年，钱塘江大桥工程正在热火朝天地进行，茅以升却遇到了一件十分棘手的事情。修建钱塘江大桥需要大量经费支持，浙江省政府之前已经先后向5家国内银行借款，剩余部分需向英国的中英银公司筹集。在与中英银公司签订借款合同的前两天，对方提出要对浙江省向5家银行借款的合同加以修改，把全桥抵押改为按浙江省负担经费的比例抵押，否则将无法提供建桥工程借款。

英方之所以在这个时候把这个问题提出来，就是想打茅以升一个措手不及，让他们根本来不及想办法，这样英国公司就可以顺理成章地不借钱给钱塘江大桥工程，因为英国公司压根就不相信中国人自己能建成钱塘江大桥。茅以升对此心知肚明，强压怒火，抱着一线希望匆

茅以升　立强国之志　建强国之桥

匆从上海赶回杭州，立刻牵头与5家银行接洽，日夜赶办修改合同的事宜。在茅以升的奔波之下，仅用两天时间，一份新的合同签订完毕。就这样，凑齐了建设经费的钱塘江大桥工程终于能继续进行。

然而，工程很快遭遇到了一场极大的灾难。原来钱塘江江面风大浪险，江底泥沙变幻无常，在这种情况下，给桥墩打桩成了最大的难题。一艘特制的打桩船刚驶进杭州湾，就在大风中触礁沉没。为了使桥基稳固，需要穿越41米厚的泥沙在9个桥墩位置打入1440根木桩，木桩立于石层之上。沙层又厚又硬，打轻了下不去，打重了断桩。茅以升发现浇花壶水能把土冲出小洞，于是从中受到启发，采用抽江水在厚硬泥沙上冲出深洞再打桩的"射水法"，原来一昼夜只打1根桩，现在可以打30根桩，大大加快了工程进度。面对水流湍急、难以施工的困难，茅以升发明了"沉箱法"，将钢筋混凝土做成的箱子口朝下沉入水中罩在江底，再用高压气挤走箱里的水，工人在箱里挖沙作业，使沉箱与木桩逐步结为一体，沉箱上再筑桥墩。放置沉箱很不容易，开始时，一只沉箱一会儿被江水冲向下游，一会儿被潮水顶到上游，上下乱窜。后来把3吨重的铁锚改为10吨重，沉箱问题才得以解决。茅以升巧妙利用自然力的"浮运法"，潮涨时用船将钢梁运至两墩之间，潮落时钢梁便落在两墩之上，省工省时，解决了架设桥梁的难题，工程进度大大加快。

建桥后期，抗日战争全面爆发。战火已烧到了钱塘江边，此时江中的桥墩还有一座未完工，墩上的两孔钢梁无法安装。在此后的40多天里，茅以升和建桥的工人们同仇敌忾，以极大的爱国热情，冒着敌人炸弹爆炸的尘烟，夜以继日地加速赶工。

从筹集资金到攻克一个又一个工程难关，再到面对日军的轰炸袭扰，为了建成大桥，茅以升在巨大的压力下克服了重重困难。他说："钱塘江大桥的成败，不是我一个人的事，而是能不能为中华民族争气的大事！"

1937年9月26日，钱塘江大桥铁路桥建成通车。清晨4时，一列火车从大桥上隆隆驶过,两岸一片沸腾。这是中国第一座自行设计和建造的双层铁路、公路两用桥,打破了外国桥梁专家"中国人无法在钱塘江上建桥"的谬论。大桥刚刚建成即承担了抗战的重任:运送支援淞沪抗战物资的列车日夜不停地从桥上通过,撤退百姓川流不息。

保家卫国　炸桥立誓

1937年8月13日,淞沪会战爆发,3个月后上海沦陷,杭州危在旦夕。11月16日下午,南京工兵学校的一位教官在桥工处找到茅以升,向他出示了一份南京政府绝密文件,并简单地介绍了当前十分严峻的形势后说:"如果杭州不保,钱塘江大桥就等于是给日本人造的了!"南京政府的文件上,要求炸毁钱塘江大桥,这是不得已而为之的事。南京来人还透露,炸桥所需炸药及爆炸器材已直接由南京运来,就在外边的汽车上。

日军已从杭州湾北岸登陆,战火逼近杭州,一旦日军占领了钱塘江上唯一的一座大桥,那么他们就可以快速运兵南下。所以,如今只有炸毁桥梁才能为战略上的撤退和重新布防争取时间。这座克服了千难万险、历时3年刚刚建好通车的大桥,马上就要炸毁,作为建桥人的茅以升心里自然是十万分的不舍。但他明白,为了民族的利益,这钱塘江大桥非炸不可。深明大义的茅以升把"致命点"在图纸上一一标出,并亲自看着士兵把100多根引线接好。原来,在2号桥墩上早已预留了以防不测的大洞。

1937年12月23日午后1时,传来命令,立即炸桥。下午3时,炸桥的准备工作全部就绪。但是此时北岸仍有无数难民潮涌过桥,茅以升为了让更多百姓顺利渡江,关闭大桥的决定一延再延。直到下午5时,日军骑兵扬起的尘烟已然隐隐可见,茅以升命令关闭大桥,禁止通行,实施爆破。随着一声巨响,这条1453米的卧江长龙被从6处截断。这座历经了925天夜以继日紧张施工,耗资160万美元的现代化大桥,仅仅存在了89

天。看着被炸断的钱塘江大桥，心绪难平的茅以升立下誓言"抗战必胜，此桥必复"，并写下了"斗地风云突变色，炸桥挥泪断通途，五行缺火真来火，不复原桥不丈夫"的诗句。

在后来的战争中，即使过着颠沛流离的生活，茅以升还是把当年建桥时拍摄的胶片和其他详细资料好好地收了起来，无论走到哪儿都随身带着。这一套公物共有 14 箱，包括各种图表、文卷、电影胶片、照片、刊物等，都是修建钱塘江大桥最重要的资料。茅以升将它们视为科学的珍宝，从杭州到平乐，虽遭遇多次轰炸，幸而能完好无缺地保存下来。

抗战胜利后的 1946 年，茅以升带领桥工处的工作人员，依据精心保护下来的 14 箱资料，开始了钱塘江大桥的修复工作。此后 7 年，经多次修复，钱塘江大桥于 1953 年再次通车，茅以升炸桥时的誓言终得实现。作为通往浙东南的必经要道，钱塘江大桥从复建后到今天一直承担着繁重的运输任务，尤其是公路桥，甚至超出了当年设计的最大负载，所以它也被人们称为"桥坚强"。新中国成立后，茅以升又参与修建了武汉长江大桥。如今，武汉长江大桥虽已超过设计时限，仍然能正常通车，安然无恙。

茅以升在重重困难下亲手建桥，而后为了国家和民族利益，不惜亲手炸毁自己付出全部心血的大桥，并在艰难的战争环境下，拼死保存资料，复建大桥。一座钱塘江大桥的生死存亡，记载着中华民族艰难的抗战历史，融入了茅以升珍贵的家国情怀，也是他爱国精神的生动和真实写照。

怀揣热忱　架桥无形

茅以升认为，桥有有形的，也有无形的；有物质的，也有精神的。他一生为祖国架桥，不仅架设有形的、物质的桥，也架设了一座座无形的、精神的桥。

为祖国统一大业"架桥"一直是茅以升晚年魂牵梦萦的一桩心事。

科学家精神 爱国篇

1981年，中国共产党向台湾当局发出了祖国统一的号召，茅以升深受鼓舞。他在《人民日报》上呼吁在祖国和平统一大桥动工之前，海峡两岸的科技工作者可以先修一座引桥，促进祖国统一大桥早日建成，在海内外产生了积极的影响。

茅以升还致力于在海外华人与祖国之间架桥。1956年，周恩来总理发起成立了一个"留美学生亲属联谊会"，茅以升被推选为会长。在一次联谊会组织的晚会上，周恩来总理号召在美国的中国专家学者回祖国服务。他还就此项工作与茅以升做了长谈。会后，茅以升做了大量工作，有四五十位在美国的中国学者先后回到了祖国。党的十一届三中全会后，迎来了科学的春天。1979年，茅以升率中国科协代表团出访美国，在匹兹堡华人协会欢迎会上发表了热情洋溢的讲话，呼吁在美国的科技界同人为祖国四化建设贡献力量。他说："我们准备架起这样一座桥梁，一头是中国的科学技术界，一头是美国科学技术界的中国同胞。我们愿意搭这样一座桥梁，让各位在桥上走过。"他的话在美国华人科技工作者中产生了积极影响。

"人生一征途尔，其长百年，我已走过十之七八，回首前尘，历历在目，崎岖多于平坦，忽深谷，忽洪涛，幸赖桥梁以渡，桥何名欤？曰奋斗。"茅以升先生以不懈奋斗，为祖国架设了一座座有形与无形的桥，其一生无不在为国家强盛忘我奉献，体现了老一辈科学家胸怀国家、学济天下的高尚爱国精神。

（摘编自《茅以升：桥梁·栋梁·脊梁》，宁滨，原载于《光明日报》，2017年2月13日。由李蕊整理）

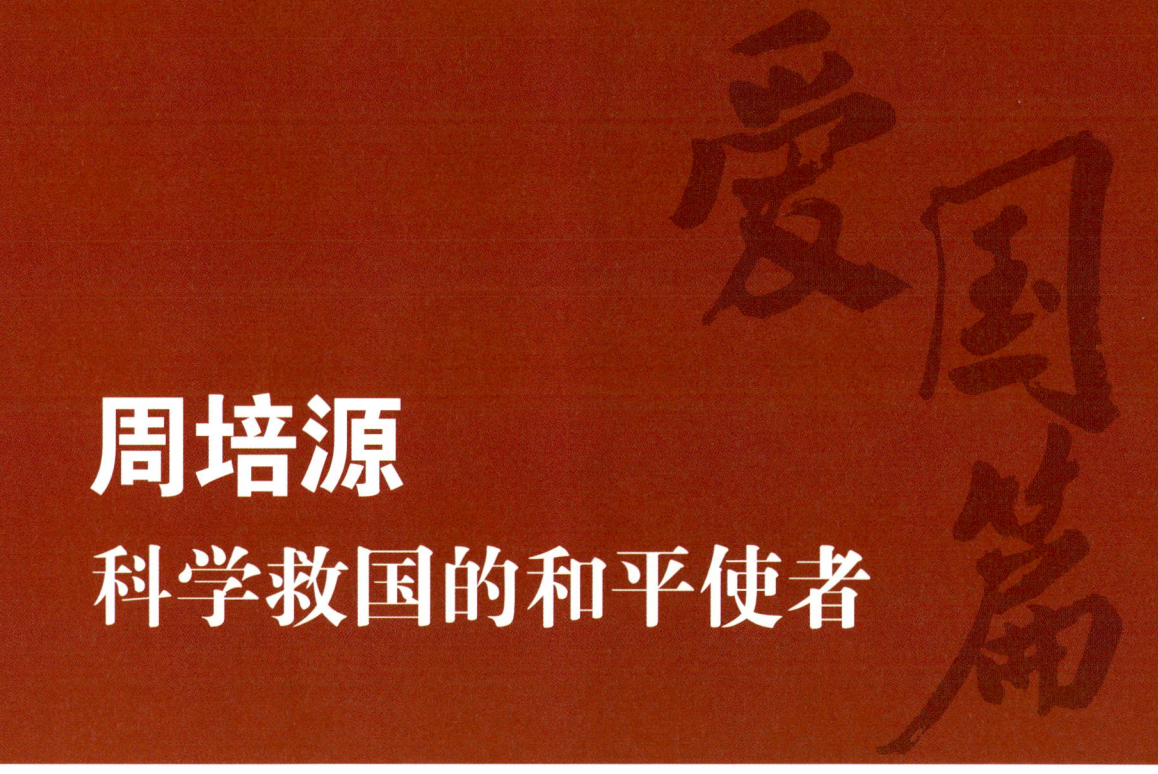

周培源
科学救国的和平使者

周培源（1902年8月—1993年11月），科学家、教育家和社会活动家，中国科学院院士。主要从事流体力学中的湍流理论和广义相对论中引力论的研究，并取得突出成果。20世纪30年代在美国参加爱因斯坦领导的广义相对论讨论班。研究并初步证实了广义相对论引力论中"坐标有关"的重要论点。为发展中国现代科学教育事业、开展国际学术交流与促进世界和平等做出了杰出贡献。

他生逢乱世，却笃信科学救国，一路孜孜不倦探索强国之路；他游学海外，仍心念故土，任高薪厚禄也难阻归国脚步；他屡遭变故，终坚守信念，非强权利诱所能动摇。他就是曾为我国科技事业、教育事业和世界和平作出了杰出贡献的物理学界大师周培源。一位穷尽了一生的时间不懈追求科学真理的科学家，一位不论情势几何仍敢直言不讳的知识分子，一位桃李不言下自成蹊的教育家……

科学家精神 爱国篇

发奋读书　立志报国

1902年8月28日，周培源出生在江苏宜兴一个开明绅士家庭。就在他出生的前一年，清政府签订了丧权辱国的《辛丑条约》，中国再次陷入了被列强瓜分、被帝国主义凌辱的时代乱潮。幼小的周培源，就在那动荡不安、民不聊生的时局中成长。

10岁开始，周培源随祖父离开宜兴老家，辗转于南京、上海读书，16岁时入读上海圣约翰附中。在摩登都市读书的周培源常常在公园看到"华人与狗不得入内"的牌子，心里很不是滋味，而一次相当屈辱的经历更让他坚定了振兴中华之宏愿。

那天，周培源和同学在外滩草地上散步，竟然被一个外国看守轰了出来，他非常气愤地问："我们为什么不能在这上面走走？"那名看守漫不经心而又轻蔑地说："中国有一天强大了，你们就可以在这上面走了。"这番经历让周培源刻骨铭心，在感到愤怒的同时，也意识到只有中国强大了，才能不受外国人的凌辱，祖国的人民才能在自己的国土上随意行走。

1919年，五四运动爆发，周培源毫不犹豫地加入游行请愿的队伍中，贴标语、喊口号，他始终冲在最前列。

上海圣约翰附中也因此开除了他。

被开除后,周培源回到老家自学,因受不了父亲经常的责备,又不愿闷在家中,便常在芳桥的潮音寺内读书看报。某天,他在报上偶然看到一则版面很小的招生广告,得知清华学校(清华大学前身)在江苏省招收5名插班生的消息。

通过勤学苦读,加上天资聪慧,1919年,周培源以优异成绩考入清华学校中等科(相当于现在的初中)。很多年后,周培源还饶有兴味地回忆道:"那则报上的招生广告只登了一天,而且是非常小的一条消息,居然被我看到。"

在清华学校读书期间,周培源学习成绩优异。他特别钟爱数理化,崇尚"科学救国"。在他进入清华学校的第一年,爱因斯坦的相对论得到科学验证,在全世界引起轰动,报纸、杂志等介绍相对论的文章比比皆是,极大地震动了周培源年轻的心灵。于是他改变了学工程学的初衷,决定学习物理。

1924年,周培源从清华学校毕业,并获庚子赔款留美基金,踏上了异国求学旅程。他先后在芝加哥大学和加州理工学院攻读学位,与许多获庚子赔款留美基金出国留学的中国学生一样,他发奋读书,希望学得一技之长,报效祖国。他也正是凭这样的信念创造了一个奇迹:用了3年半时间,获得芝加哥大学物理学学士、数学硕士及加州理工学院理论物理博士3个学位,并因其学习成绩与科研成果特别优异而获得加州理工学院毕业生最高荣誉奖,与赵忠尧、何增禄二人一起被该院院长、诺贝尔物理学奖获得者、国际著名物理学家密立根称为"加利福尼亚中国三杰"。

留学海外　心念故土

1929年,27岁的周培源回到祖国,受清华大学校长罗家伦聘请,成为该校最年轻的物理学教授。在回不回国这件事上，周培源从来没有犹豫过，回国是他和与他同时代出国深造的几乎所有中国科学家的必然选择。他曾在给美国朋友的信中十分清楚地写道："我们这一代人是拿着国家的钱出来留学，我们就是要回来做事。"

1943年，周培源赴美休假，在加州理工学院作访问教授。在此期间，美国为了满足战时需求，成立了战时研究与发展局，并将空投鱼雷入水的研究项目分给了加州理工学院。当时在加州理工学院的周培源，也参与到项目之中。他凭借自己扎实的理论基础和刻苦钻研的精神，研究出了鱼雷入水时的冲击力方程，并在实验中获得证实。

正是因为周培源才华横溢，第二次世界大战后成立的美国海军军工实验站曾不惜高薪聘请周培源前往工作，当然也有一定的附加条件——加入美国国籍。这对于一心想科学救国的周培源而言，无疑是没有任何商量余地的事情。但美国不愿意轻易放弃这个优秀的年轻人，一定要留他在那里工作。而周培源也开出了近乎苛刻的条件：不加入美国国籍；只承担临时任务；随时可以离去。没想到，求贤若渴的美国人还是同意了，以每月6000多美元的高薪，在上述3个严苛的条件下，聘用了周培源。但仅做了半年后，周培源便离职回国，继续担任清华大学物理系的教授。

1946年6月，周培源代表中国中央研究院参加英国皇家学会举办的纪念牛顿诞辰300周年纪念会和国际科学联合会理事会。9月去法国参加国际应用力学大会，在会上做了学术报告，并当选为理事。同时，当选为新成立的国际理论和应用力学联合会的理事。10月回到美国。这时，国内的战事又起，他的一些亲朋好友都劝他不要回国，他不愿把自己的生命之树定植异国他乡，毅然于1947年2月，与夫人携三个女儿，回到了他日夜思念、多灾多难的祖国，继续在清华大学任教。

一年以后，他再次应邀赴英国参加国际应用力学大会。这次与会，他感触很深。1946年他参会时，正值第二次世界大战结束，苏美中英是战胜国。中国科学家在会上受到了应有的尊重。闭幕式上，他作为中国代表发言，听众报以热烈的掌声致意。而这一次与会，由于国民党政府在国际上的地位一落千丈，理事会开会和会议宴请时，会议主席把他的座次排到最后和倒数第二，使他深深感到，即使作为一名科学家，在从事国际科学交流活动的背后，也必须有一个强大的祖国作后盾。

1948年11月7日，周培源从英国回到北平。1949年1月31日，北平宣告和平解放。周培源兴奋地和两个女儿冒着扬沙和寒风，从清华园骑车进城，欢迎解放军进驻北平。不久后，他年仅14岁的二女儿就参军南下，使周家成为清华大学教授中的第一户"光荣军属"。

热爱祖国　无私奉献

"七七事变"后，周培源受时任清华大学校长的梅贻琦之托，安排学校南迁，并先后担任长沙临时大学和国立西南联合大学物理系教授。在昆明，他住的地方离学校很远。他既要上课，又要照顾女儿上学，而代步工具只有一匹马，到后期更是只有人力脚踏车，但他风雨无阻，从未误课迟到，在艰苦的环境中还坚持着科学研究。

出于"抗战必胜，终有一日将驱除仇寇"的信念，一心想以科学救国的周培源，曾放下研究了十几年的相对论，毅然转向应用价值较大的湍流理论。多年以后当别人询问其中缘故时，他说："当时我认为相对论不能直接为反战服务。作为一个科学家，大敌当前，必须以科学挽救祖国，所以我选择了流体力学。"

中华人民共和国成立后，周培源作为科学界的代表，参加了中国人民保卫世界和平大会委员会成立大会。不久，他前往华沙出席第二届世界保卫和平大会，从此开始了争取世界和平之旅，并为此奔波40余年。周培源曾多次说过："10亿中国人民是世界和平的坚决捍卫者"，"中国人民要以一个积极的姿态去参加国际和平活动,让世人听到中国人民的和平声音。"作为中国人民的和平使者,周培源在争取裁军、反对制造原子武器及其他大规模杀伤性武器方面做出了杰出贡献。

(摘编自《永不满足的科学宗师周培源》,朱琪红,原载于中国青年网,2012年9月14日。由刘伶整理)

王淦昌
我愿以身许国

王淦昌（1907年5月—1998年12月），核物理学家，中国科学院院士。1941年提出验证中微子的实验方案。20世纪50年代领导建立了云南落雪山宇宙线实验站，使中国的宇宙线研究进入国际先进行列。在杜布纳联合原子核研究所，他领导的研究小组发现了反西格玛负超子。20世纪60年代提出激光惯性约束核聚变的设想并获得实验证明。在中国第一颗原子弹和第一颗氢弹研制中做出了突出贡献。1985年获两项国家科学技术进步奖特等奖。1999年被追授"两弹一星"功勋奖章。入选"庆祝中华人民共和国成立70周年大型成就展"1970—1979年英雄模范人物。

在北京西南郊的我国核科学研究重要基地——中国原子能科学研究院（以下简称"原子能院"）工作区内的小树林中心，树立着两位科学巨匠——钱三强先生和王淦昌先生的铜像。

虽已无法准确计算走过的次数，但原子能院强流粒子束与激光研究室主任郭冰说，每次经过，自己都心潮澎湃，脑海中情不自禁回想起王淦昌先生斩钉截铁的话语"我愿以身许国"。

"两弹一星"功勋奖章获得者，享誉世界的著名核物理学家，我国实验原子核物理、宇宙射线及粒子物理研究的主要奠基人和卓越开拓者，我国核武器研制的奠基人之一，我国惯性约束聚变的首倡者……对王淦昌先生一生的成就，曾有人评论说："任何人只要做出其中的任意一项，就足以在中国科技发展乃至世界科技发展历程中名垂青史。"先生以终身不懈的追求和探索，在世界物理学和中国科技史上写下了光辉篇章。

为纪念王淦昌先生，2003年，一颗由国家天文台于1997年11月19日发现的小行星，经国际小行星命名委员会批准，正式命名为"王淦昌星"。这颗翱翔太空的智慧之星，与日月同在，永远为人们所敬仰。

纪念王淦昌，更在于继承一种薪火相传的精神，继承以爱国主义为内核，以科技创新精神为动力的老一辈科学家的理想和抱负，继承"两弹一星"精神，投身于科研工作之中，不断与祖国建设同行，与祖国发展共振，将先生不朽的精神及光荣的传统继续发扬并为之奋斗不息。

从"王淦昌"到"王京"

1961年4月3日，王淦昌接到时任第二机械工业部（以下简称"二机部"）部长刘杰约见的通知。到了刘杰办公室，对方开门见山地向王淦昌传达了党中央关于研制核武器的决定，并请他领导原子弹的研制工作。

迎着刘杰的目光，王淦昌铿锵有力地回答："我愿以身许国！"第二天他就到二机部九局去报到了。从那时起，王淦昌这个名字从科技界突然销声匿迹了，而在中国核武器研究队伍中，多了一个名叫"王京"的领导者。

王淦昌　我愿以身许国

这意味着，王淦昌在以后若干年中，不能按照自己的兴趣进行科学探索，不能获得最前沿的科技信息，不能在世界学术领域抛头露面，不能交流学术成果，这对当时已经在科研领域颇有建树的王淦昌而言，是十分可惜的事情。

王淦昌是清华大学第一届学生，也是著名实验物理学家、德国柏林大学（今柏林洪堡大学）教授迈特纳唯一的中国学生，年仅 26 岁就成为物理学博士。

1942 年年初，王淦昌在美国《物理评论》发表论文《关于探测中微子的一个建议》，独到地提出了验证中微子存在的实验方案，并为以后的实验所证实。这是王淦昌对国际物理学的一个突出贡献。《物理评论》杂志将此文评为年度最佳论文，王淦昌因此荣获第二届范旭东奖，还被美国科学促进会列入《百年科学大事记》之中，王淦昌也因此扬名海外。

1956 年，王淦昌被派至苏联杜布纳联合原子核研究所工作，先担任高级研究员，后任副所长。通过对近 10 万张气泡室图片和大量数据的分析，1959 年秋，王淦昌小组终于发现了一张反西格玛负超子事例的照片。这是人类通过实验发现的第一个荷电反超子。这项重要成果把人类对物质微观世界的认识又向前推进了一大步，在国际上产生了深远影响。诺贝尔物理学奖获得者杨振宁 1972 年回国访问时对周恩来总理说："联合

科学家精神 爱国篇

原子核所这台加速器上所做的唯一值得称道的工作,就是王淦昌先生及其小组对反西格玛负超子的发现。"

如果能够继续在原来的科研领域工作,王淦昌很有可能叩开诺贝尔奖的大门。然而,为了中国能造出原子弹、氢弹,为给中国人争这口气,从1961年到1978年,王淦昌隐姓化名,中断与外界的联系整整17年。

以身许国铸长剑

王淦昌参与了我国核武器的原理突破、实验研究和组织领导,在我国原子弹、氢弹研制过程中,指导解决了一系列关键技术问题,是我国核武器研制的主要奠基人之一。

早期的爆轰试验是在长城脚下进行的。负责核部件试验的王淦昌多次亲临爆轰试验现场指挥,一年之内在野外进行了上千次实验原件的爆轰试验。他和其他科技专家们一起,冒着弥漫的风沙做爆轰物理试验,爬过长城脚下崎岖的山路,住过古烽火台前简陋的营寨。一年后,年近花甲的他又带领一大批无名英雄来到人迹罕至的青海高原,进行缩小比例的聚合爆轰试验和点火装置测试。

1964年10月16日,我国第一颗原子弹爆炸成功。1967年6月17日,我国第一颗氢弹爆炸成功。之后,王淦昌又在技术上全面领导了我国的前3次地下核试验,使我国用很少次数的试验,就基本掌握了地下核试验测试的关键技术。

"他的工作非常深入基层。"中国科学院院士王乃彦至今十分清楚地记得,一次地下试验准备工作进入收尾阶段,坑道已回填到只留下很小的空间,等待领导批准后将全部填完。王淦昌听了汇报后,觉得"还是最后再进去看一看放心",王乃彦陪着他再一次爬进了洞。

王淦昌一个部件一个部件地检查,仔细询问他认为放心不下的地方,最后才满意地说："好呀！现在放心了！下面就等着试验的好结果了！"王乃彦至今记得，爬出洞口后，当时40岁的自己都已是气喘吁吁，已经68岁的先生上气不接下气地说："坐下来，坐下来好好休息吧！"

为国立于科学研究前沿

1978年7月，王淦昌告别17年隐姓埋名的生活，回到了阔别已久的原子能所（原子能院前身）并担任所长。这时，他已是年过七旬的老人了，但为了中国核科技事业的发展，这位古稀老人仍不分昼夜地辛勤操劳。

101重水研究堆的改建，是王淦昌任所长期间，原子能所最突出的成就之一。改建后的101反应堆，技术性能超过老堆设计指标，热中子通道及活性区域内可以利用的实验孔道增加了一倍多，而总投资却只有建设一个新反应堆的1/10。这项工程获得国家科学技术进步奖一等奖和国防科工委重大成果奖。

王淦昌认为，反应堆外围的物理实验是一项很重要的工作，他主张吸引所外的科研人员来做工作，提出"不能白白浪费掉中子！"他非常重视在反应堆旁开展中子活化分析工作，积极支持成立中子散射研究室，支持原子能所、中国科学院物理研究所共同与法国原子能总署合作，在101反应堆旁建造冷中子源。

1979年4月，国家科委、国防科委批准在原子能所增建一套从美国引进的串列加速器及其辅助工程，在王淦昌等专家努力下，1988年12月，北京串列加速器核物理国家实验室在原子能所成立，王淦昌亲自主持了包括美国、英国、德国、法国、日本、瑞典等11个国家共150多人出席的国际会议，为串列加速器上首批设置的课题赢得了国际声誉。

早在1964年，王淦昌就提出了激光引发氘核出中子的想法。这一想法在当时是一个全新的概念，该想法后来还引出惯性约束核聚变的重要科研题目。惯性约束核聚变一旦实现，人类将彻底解决能源问题。1978年9月，王淦昌回到原子能所刚刚两个月，就组织以王乃彦为首的18位自愿报名的同志，建立了强流粒子束实验室。1981年建成一台1兆伏强流电子加速器，1982年开始打靶实验。王淦昌领导设计的这台1兆伏强流电子加速器，不仅当时是国内首创，在国际同类加速器中也处于先进水平。

1985年，王淦昌又及时把研究方向转向氟化氪激光聚变研究。王淦昌亲自参加研究方案的制定，对关键技术开展预研。1996年1月，激光输出能量达到了276焦耳，后来又达到400多焦耳，使我国准分子激光研究步入了国际先进行列。

"先生始终立于科学研究的前沿。90岁高龄时，先生仍坚持每周来研究室听取工作汇报，了解实验进展情况并进行指导，终生战斗在科研第一线。"郭冰说，"先生严谨治学的工作态度、不断创新的科研精神、永不枯竭的研究热情，时刻激励着年轻一代的科研工作者。"

1984年，德国西柏林自由大学授予王淦昌获得博士学位50周年荣誉证书。这个被德国人趣称为"金博士"的荣誉，是专门为获学位50年后仍站在科学第一线的科学家们设立的，王淦昌是享有这一荣誉的唯一中国人。

为国建言树丰碑

1986年3月2日，王淦昌与王大珩、陈芳允、杨嘉墀联名向中共中央提出了《关于跟踪研究外国战略性高技术发展的建议》。仅隔两天，即3月5日，邓小平同志就在建议书上批示："这个建议十分重要……此事宜速做决断，不可拖延！"

1986年11月18日，中共中央、国务院发出了《高技术研究发展计划纲要》的通知。由于提出这个计划的建议和邓小平的批示都是在1986年3月，这个历史性的时间点被载入了史册，这个计划被称为"863计划"。这也是一个国家规模的战略性高科技发展计划。

作为最早在我国介绍核电站的科学家之一，王淦昌以极大的热忱推动我国核电的建设，为我国核电事业迈出艰难的第一步做出了巨大贡献。

早在1954年苏联建成世界第一座核电站后，王淦昌就撰文介绍原子能。1978年10月2日，王淦昌与姜圣阶、连培生等5位核工业专家联名上书邓小平同志，提出发展核能的必要性和发展核电的建议。这封信对我国核电发展起了推动作用。

1980年，中央书记处在中南海举办科学技术知识讲座，王淦昌主动与中国科学院联系，到中南海为领导同志讲解核能知识。

在核电站建设上，王淦昌始终坚持自力更生为主，引进设备为辅。当有人认为发展核电只需从国外引进时，王淦昌坚持己见："我们不能用钱从国外买来一个现代化，而必须自己艰苦奋斗，才能创造出来……"

王淦昌不仅关心我国核电事业的起步与发展，对核电站的建设和运行也十分重视。他到秦山核电站工地去过好几次，甚至不顾82岁高龄，登上60米的高处参观核电站工地。

此外，王淦昌多次率团到世界各地出席关于核能的研讨会，通过写文章、作报告，积极宣传核能及我国发展核电的重要性。

1991年12月15日，我国第一座自行设计建造的30万千瓦压水堆型核电站——秦山核电站并网发电，中国大陆无核电的历史宣告结束。可以说，在我国发展核电的每一个阶段，都凝聚着王淦昌的心血。秦山核电站、大亚湾核电站的建设，都是在王淦昌等有识之士的呼吁推动下开展的。

（摘编自《核弹先驱 科学泰斗——纪念王淦昌先生诞辰110周年》，原宣，原载于《科技日报》，2017年5月24日。由于松竹整理）

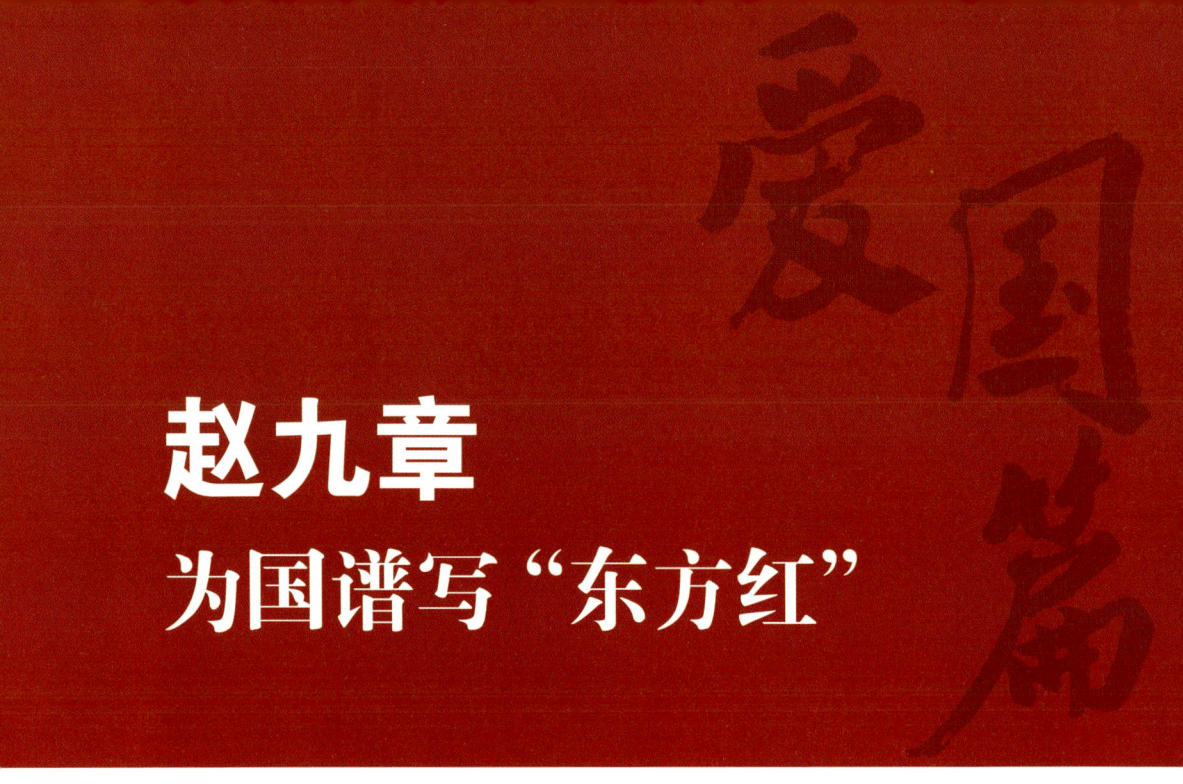

赵九章
为国谱写"东方红"

赵九章（1907年10月—1968年10月），气象学家、空间物理学家，中国科学院院士。倡导和开拓我国地球科学数学物理化和新技术化的先驱。在气团分析、信风带热力学、大气长波斜压不稳定、大气准定常活动中心、有关带电粒子和外层空间磁场的物理机制等方面的研究成果是奠基性的。先后创立了不少地球科学研究机构，开辟了许多新研究领域，如气球探空、臭氧观测、海浪观测、云雾物理观测、探空火箭和人造地球卫星等，并培养了一大批优秀的科学家。1985年获国家科学技术进步奖特等奖。1999年被追授"两弹一星"功勋奖章。入选"庆祝中华人民共和国成立70周年大型成就展"1970—1979年英雄模范人物。

历史不会忘记。1970年4月24日，中国第一颗人造卫星成功发射，《东方红》乐曲响彻寰宇。

赵九章　为国谱写"东方红"

祖国不会忘记。1999年9月18日,中共中央、国务院、中央军委将"两弹一星"功勋奖章追授予他。

他是从河南开封振翅飞出的雄鹰;他倡导了地球科学的物理化和新技术化,创建了中国的地球物理研究机构;他是中国动力气象学的创始人。

他就是赵九章,我国杰出的气象学家、地球物理学家、空间物理学家。他用61年传奇人生谱写出一曲动人的爱国乐章——在动荡与炮火中跌宕起伏,在悲欢与离合中百转千回,在复苏与萌芽中摇曳多姿,在奋发与自强中荡气回肠……

这是一首中国科学家的赤子之歌。

为祖国载梦"东方红"

"我们要做一件非常重要的事情了。"

"有原子弹重要吗?"

"和原子弹一样重要。"

"那是什么?"

"我不能告诉你。"

与父亲的这段对话,赵九章的女儿赵理曾一直深深记在心里。多年之后,她才慢慢知道,父亲的名字与中国第一颗人造卫星是那样的密不可分。

这是赵九章用生命最后10年献身的事业。

1957年10月4日,苏联发射了世界上第一颗人造地球卫星,震动全世界。赵九章的血液像黄河之水一样奔腾起来,他开始写文章、作报告,在各种场合发表讲话,阐述人造卫星的重要性和深远意义。

次年,毛泽东主席在中国共产党第八次全国代表大会第二次会议上说:"我们也要搞人造卫星。"很快,中国科学院成立了"581"组,赵

科学家精神 爱国篇

九章任副组长,并于 10 月率代表团去苏联访问。

苏方招待很热情,但唯独代表团提出想参观有关卫星的内容时,他们表现得很谨慎,事事都要打请示。

有一天,代表团被带到一个院子里,开来一辆卡车,车斗里是一台仪器,用布盖着。掀开盖布,里面是一个形似探空火箭的箭头,上面有一些探测仪器。苏方介绍说这就是进入轨道的卫星。

赵九章等人绕着卡车看了一阵,提出能否打开外壳看看里面的布置,却没能得到同意。尽管如此,这已算是一次重要的参观了。

回国后,赵九章说:"美国、苏联发射了这么多卫星,但是重要的资料一定是保密的,不会告诉我们的。我们必须有自己的卫星,有自己的探测手段,只有掌握第一手的材料才能走到空间科学的最前沿。"

此后便是数年的扎实预研。1964 年年底,赵九章结合六七年来卫星预研工作的基础,给周恩来总理写了一封信,建议将发射卫星正式列入国家计划。这封信受到了周恩来总理的重视。

中国科学院国家空间科学中心研究员潘厚任对那段经历记忆犹新。"1965 年 4 月 22 日,我正在厂里半工半研,突然接到电话,赵所长要我当晚到他家去。我蹬上自行车,赶紧就去了。"

赵九章　为国谱写"东方红"

落座后，赵九章激动地说："周总理已指示要提出设想规划，我们从1958年开始一直在做准备，盼着这一天早日到来，现在终于来到了。"

很快，中国科学院组织起最强阵容，开始进行深入细致的研究，这就是后来的"651"组。同年10月，我国第一颗人造卫星研制的方案论证会召开，代号"651会议"。

"会议一共开了42天，是我一生中参加过的最长的一次会议。"潘厚任回忆。他们白天开会，晚上计算，其间周总理还邀请参会代表在人民大会堂观看文艺节目。

经过集思广益，会议用4个方案、15万字的专题材料，勾画出这颗承载中国人梦想的人造卫星雏形——直径1米的近球形72面体，播放《东方红》乐曲，1970年发射，它的名字叫作"东方红一号"。

正当我国第一颗人造卫星的研制工作不断攻坚克难、如火如荼开展之时，"文化大革命"改变了赵九章的人生。1968年10月，一代科学巨匠赵九章永远地离开了这个世界。他没能等到"东方红一号"发射上天的那一天。

潘厚任还记得赵九章生命的最后时光。那是在原中国科学院地球物理研究所小楼的门堂里，大木箱当桌，小木箱当凳，赵九章佝偻着身子写"检查"……"年轻人自行车轮胎破了，在门口修理，他也过去看看。看得出他很想帮忙，但形势所迫，他无法多言。"

即使是在"文化大革命"期间，赵九章对内心的孤独与苦楚只字不提，他心里想的仍然只有人造卫星。

四下无人时，他曾悄悄问过潘厚任："工作进展怎样？"潘厚任只能说："还好。"不敢多谈，也无须多谈。1970年4月24日，那呼啸着划破酒泉基地清冷夜空的"长征一号"火箭发射升空，遨游太空的"东方红一号"卫星已分明带着赵九章毕生的夙愿和强国之梦，永载史册。

科学家精神 爱国篇

为国开创"新气象"

在许多人的记忆里,赵九章是个温和慈祥的人。孩子们喜欢对他撒娇,赵理曾小时候每天早上都要听爸爸讲一段《西游记》才肯起床,他笑言女儿是"小霸王周通"。他收留孤儿王宝根当司机,后来又送王宝根去王大珩那里深造,寒暑假学生回家探亲,他说:"王宝根是孤儿,无亲可探,让他回所探亲吧。"

但在风雨飘摇的新中国成立前夕,面对险恶的局势,他却表现出常人难以想象的刚强。1948年,国民党政权分崩离析,南京风声鹤唳。当权者命令国民政府的国立中央研究院各所迁往台湾。时任国立中央研究院气象研究所所长的赵九章一纸电文发给当时的国立中央研究院院长:"八年抗战,颠沛流离,实不堪再动。"夜夜枪声,一触即发,他始终岿然不动。1949年5月27日,上海解放。新中国有幸,留在这片土地上的岂止是赵九章,更是中国的现代气象学……

其实,在20世纪30年代中期以前,我国气象学基本上是描述性的。直到1937年,赵九章在德国柏林大学(今柏林洪堡大学)留学期间发表了一篇题为《信风带主流间的热力学》的论文,尝试将数学、物理和流体力学原理引入气象学研究中去,中国气象学才开始有了质的变化。这篇论文具有开创性意义。曾指导过赵九章的我国气象学家、地理学家竺可桢称此论文为"新中国成立以前理论气象研究方面最主要的收获"。正是在他的推荐和支持下,还不满40周岁的赵九章当上了国立中央研究院气象研究所所长。

赵九章回国后,一直不遗余力将中国气象学引上现代化的道路——在国立西南联合大学教书时,他编写出我国第一本《动力气象学》讲义;1945年,他首先提出"长波斜压不稳定"概念,成为现代天气预报的理论基础之一;新中国成立初期,他与涂长望一道组建联合天气分析预报中心和联合气候资料中心,在中国气象事业发展历史上发挥了重要作用。

到了20世纪50年代初,西方国家开始利用计算机做天气预报,赵九章敏锐意识到这是未来的发展方向,便全力支持刚从国外回来的顾震潮进行这方面的研究,并组织培训了一批科技人员。当4年后我国第一台大型电子计算机研制出来后,这批人已做好了充分准备,作为首批用户在计算机上开展试验,为20世纪60年代我国正式发布数值预报奠定了基础。

展宏图拓展"多学科"

"只要是国家需要的,他就去做。"中国科学院国家空间科学中心原党委书记吴智诚曾给赵九章当过一段时间秘书,他对赵九章的评价既简单,又充满分量。

1949年11月,中国科学院成立。为适应新中国建设的需要,中国科学院对国立中央研究院、国立北平研究院等单位的研究所进行调整。赵九章所在的气象研究所,加上分散在各机构的地震、地磁、物理探矿部分,一起组建了中国科学院地球物理研究所,赵九章出任所长。

那段时间,虽然百废待兴,但也百花齐放。在新中国的新研究所里,赵九章的人生抱负得以施展。

20岁出头的吴智诚到赵九章身边工作时只有高中学历。赵九章看他爱学习,就跟他说,只要想学,中国科学院念书的机会很多。"赵九章先生专门介绍我去北京大学听课、参加学术讨论会等。他还减少了自己的行政性事务,给我创造更多的学习时间。"

对年轻人,赵九章都是这么"特殊照顾"的。中国科学院地球物理研究所先后走出了叶笃正、顾震潮、陶诗言、曾庆存、周秀骥、巢纪平、任阵海等两院院士和权威专家。在"物理化、工程化、新技术化"办所方针的指引下,中国科学院地球物理研究所学术水平快速提高、学科领域迅速扩展，成为新中国大气科学、地球物理、空间物理的摇篮。

1978年，经邓小平批示，中国科学院为赵九章平反昭雪。在八宝山革命公墓的骨灰安放仪式上，人们再次陷入巨大的悲痛中。

他走时没有留下任何遗言。但是，对祖国至忠、对科学至诚，赵九章已用一生心血谱写的赤子之歌，给出了最好答案。

（摘编自《赵九章：最是那一抹东方红》，丁佳，原载于《中国科学报》，2019年9月12日。由李蕊整理）

郭永怀
不忘初心志报国
留取丹心照长空

郭永怀（1909年4月—1968年12月），力学家、应用数学家，中国科学院院士。长期从事航空工程研究，在跨声速流和奇异摄动理论（PLK方法）方面的成就为国际公认。倡导了我国高速空气动力学、电磁流体力学和爆炸力学等新兴学科的研究。担负国防科学研究的业务领导工作，为发展我国核弹与导弹等事业做出了重要贡献。1999年被追授"两弹一星"功勋奖章。入选"庆祝中华人民共和国成立70周年大型成就展"1970—1979年英雄模范人物。

他为我国航空航天事业奉献了毕生精力。他以赤子之心报效祖国，为中国20世纪六七十年代在核事业尖端技术方面取得非凡成就付出了生命。他就是唯一以烈士身份被追授"两弹一星"功勋奖章的空气动力学家郭永怀。

科学家精神 爱国篇

闻名世界的中国学者

1909年，郭永怀出生在山东荣成一个普通的农村家庭。儿时的郭永怀长得胖，家里人都叫他"胖怀子"。1933年，24岁的郭永怀考入北京大学物理系，师从著名光学家饶毓泰教授，因为成绩优异，毕业时郭永怀被留在了先生门下，满身泥土的"胖怀子"消失了，一颗科学新星郭永怀冉冉升起。但是时代和命运对他却另有安排。1937年7月，卢沟桥事变的炮火改变了古老中国的运行轨迹，日军占领了北平，北京大学被迫停课，郭永怀回到家乡当起了一名教书先生。1938年春，郭永怀辗转南下，来到西南联合大学。这段时间郭永怀听到、看到了太多的杀戮，一个没有强大军事力量的国家就会挨打，于是他主动放弃了原来的光学专业转入航空工程系学习流体力学。虽然导师认为放弃原来的专业十分可惜，但是郭永怀认为学习航空工程才是一条更切实的救国之路。

1938年夏天，郭永怀参加了人生中最重要的一次考试——英国"庚子赔款"留学生招生考试。在3000多名参考者中，郭永怀与钱伟长、林家翘考出了350分的相同最高分数，被一同录取。1939年夏天，郭永

郭永怀　不忘初心志报国　留取丹心照长空

怀登上了海外留学的轮船。那时，正值抗日战争时期，上了船的郭永怀发现自己护照上有日本签证。为捍卫民族尊严，他牺牲了这一次难得的留学机会，与20多名同学一起，撕毁护照、拎起行李、走下轮船。直到一年后，郭永怀与同学们才再次起航。他和钱伟长、林家翘，都进入了加拿大多伦多大学的应用数学系，并且三人仅花了半年时间，就拿下了硕士学位。

在加拿大完成学业后，1941年5月，郭永怀进入美国加州理工学院攻读博士学位，师从流体力学大师冯·卡门，研究空气动力学。此时，世界航空领域正面临着一个棘手的难题，这个难题甚至阻碍着世界航空工业的发展，它就是音障。在当时科学家眼中音速就是一个无法突破的障碍，即使是在加州理工学院这样一个云集了世界顶尖物理学家的地方，也很少有人敢挑战音障。然而，郭永怀却将自己的研究重点对准了音障。在导师冯·卡门眼中，这个来自中国的年轻人有着过人的胆识。在这里，郭永怀结识了一生中最好的朋友，也是影响和改变他一生命运的人——钱学森。经过不懈努力，终于在1945年，郭永怀和钱学森提出了"上临界马赫数"的概念，回答了机翼上何时会出现激波这个重要的理论难题。这项先驱性研究成果，为后来的超音速战机的诞生打下了坚实的理论基础，也宣告了困扰世界航空领域多年的音障难题实现突破。

此后，郭永怀进入了美国国家航空咨询委员会，成为全球瞩目的科学明星。1946年秋，康奈尔大学创办航空工程研究生院，邀请郭永怀主持学院工作。一到康奈尔大学，郭永怀就被美国军方看中，力邀他参加军事方面的研究。于是一张调查表放在了郭永怀面前，其中一个问题是：如果发生战争，你是否愿为美国服兵役？参军意味着加入美国国籍，郭永怀将接触到美国的机密资料，并获得更优厚的待遇。然而，郭永怀却拿起笔在调查表上填上了"否"。此后，郭永怀还对校方声明："我来贵校是暂时的，在合适的时候我要回到祖国。"因为这句话，他上了美国政府的黑名单，成为密切关注的对象。

毅然回国献身核事业

1949年，中华人民共和国成立的消息传到美国，康奈尔大学的中国留学生们欢欣鼓舞。鲜艳的五星红旗在新中国高高升起，郭永怀看到了中华民族的希望，他恨不得立刻飞回祖国母亲的怀抱。然而，郭永怀在学术上的突出成就已经引起了美国当局的高度警觉。郭永怀心里清楚这条回国路必然会经历坎坷。1953年，英国著名学者莱特尔力教授邀请郭永怀前去讲学，郭永怀认为这是一个绕道回国的好机会。但在美国移民局的阻挠下，郭永怀的赴英签证被取消，计划未能实现。

虽归国之路受阻，可郭永怀一直心系故土，他在焦急中等待时机。1953年8月，继中美签订朝鲜停战协定后，美国政府取消了中国学者回国的禁令。但这并不意味着，中国学者可以随意回国，因为美国仍以"维护国家安全"为由，设置种种障碍，进行种种调查。

1956年9月，郭永怀冲破重重阻碍，决定回国。在临行前，他当着许多美国朋友的面，把自己的手稿、笔记一页页投入火中，望着那飞去的灰蝶，他的夫人李佩觉得太可惜了，那是郭永怀的心血啊！可是，郭永怀说，那些东西都记在了他的脑子里，这样做是为了回国方便。1956年11月，郭永怀与夫人李佩回到了阔别16年的祖国。"作为新中国的一个普通科技工作者，我只是希望自己的祖国早一天强大起来，永远不再受人欺侮。"郭永怀说。

回国后，郭永怀被任命为中国科学院力学所副所长，全力以赴地投入到高超空气动力学、爆炸力学、电磁流体力学、飞行力学和固体力学的研究和指导工作之中。他把自己从美国带来的所有书籍、资料都拿出来给了力学所，就连他视为宝贝的手摇杆计算机也带到所里。连家中的冰箱等电器也都搬到单位，力学所已经成为郭永怀回国后的第二个家。

就在这一时期，美苏的核军备竞赛愈演愈烈，紧张的国际形势与来自大国的核威胁，使得新中国亟待发展自己的国防工业。党中央做出了发展导弹、核弹和人造卫星的"两弹一星"战略决策。然而，对于经济基础薄弱的新中国，电力的短缺成了国防事业最大的拦路虎。电力短缺，导致中国无法像发达国家那样建造大型高超声速风洞。但如果没有风洞，那么导弹、人造卫星、超音速飞机乃至载人航天等高精尖项目都将永远不可能实现。就在这时，郭永怀提出了一个出人意料的建议，研究激波风洞。1958年年初，就在中国国防工业刚刚起步之际，中国科学院力学所率先成立激波管研究组，筹备建设激波风洞。在经历了一次次的挫折与失败之后，激波风洞容易出现爆炸的症结终于被攻克。这个在国际上无人攻克的难题，在中国人的手中化解了。1966年，经过8年的艰苦攻关，中国第一座大型高超声速风洞——JF8激波风洞研制成功。就在这一年，中国的导弹、火箭、人造卫星等重点型号飞行器陆续进入攻关阶段，亟须大型风洞的检验，而JF8激波风洞在这时刚好赶上了急需。

1970年4月24日，中国第一颗人造地球卫星"东方红一号"成功发射，郭永怀既是人造卫星的设计者之一，也是激波风洞的开创者。这两条在10余年前分头并行的线，在这一天交汇在一起。郭永怀于1968年筹建的中国空气动力研究与发展中心，已建成全亚洲最大的风洞群，成为中国国防事业的牢固根基。

保护机密以身殉国

1957年，苏联同中国签订了国防新技术协定，明确承诺向中国提供原子弹数学模型和图纸资料。然而就在1959年苏联政府单方面撕毁协定，撤走了全部在华的核工业专家，连一张图纸也没有留下。关键性技术的缺失使得中国的核工业骤然间陷入瘫痪。就在这时，钱学森向主抓原子弹研制的二机部副部长钱三强推荐了既精通空气动力学,又是爆炸力学专家的郭永怀。就在苏联专家离开中国的这一年,郭永怀临危受命加入了这项秘密的国家任务中。他与实验物理学家王淦昌、理论物理学家彭桓武,共同构成了中国核武器研制最初的三大支柱。

1963年年初,中国核武器的研发人员陆续迁往青海,核武器的试验场地也由长城脚下向西北荒凉的无人区转移,原子弹研制进入最后攻坚阶段。在这个庞大的系统工程中,郭永怀主要指导原子弹弹体设计和引爆方式等一系列空气动力学问题。西北气候变化无常,冬季更是寒气逼人,最低气温零下30多度,生存环境极其恶劣。这期间,郭永怀与其他科研人员一起喝碱水、住帐篷、睡铁床。这样的科研环境,与郭永怀在美国相比,真可谓一个天上一个地下。但这些,郭永怀丝毫未放在心上。打从离开美国的那一刻起,他便做好了吃苦的准备,为了国家,别说吃苦,就是流血牺牲,他也在所不惜。

1962年在指导原子弹研制的同时,郭永怀还参与国防部第五研究院的导弹技术攻关。此外,在北京同步进行的人造地球卫星项目也依然离不开他。1964年10月16日,新疆罗布泊上空,一团蘑菇云伴随惊天动地的巨响而起,中国第一颗原子弹爆炸成功。1966年10月27日,就在中国第一颗原子弹爆炸成功仅仅两年后,中国第一枚装有核导弹头的"东风二号甲"核导弹在甘肃酒泉基地点火升空。这一天,原子弹与导弹"两弹"结合飞行试验获得圆满成功,中国从此有了可用于实战的核导弹。1967年6月17日,在两弹结合成功后仅一年,中国第一颗氢弹空爆试验成功,它的威力达到了中国第一颗原子弹的150余倍。

1968年12月4日,在数月攻坚之后,热核武器研制获得重大突破,郭永怀决定当晚乘飞机赶回北京,参加第二天早晨的会议。他匆匆地从青海基地赶到兰州,在兰州换乘飞机的间隙里,还认真听取了课题组人员的情况汇报。12月5日凌晨,飞机飞临首都机场,距地面约400米时,

郭永怀　不忘初心志报国　留取丹心照长空

突然失去平衡，偏离跑道，扎向了玉米地，腾起一团火球。当人们从机身残骸中寻找到郭永怀时，吃惊地发现他的遗体同警卫员紧紧抱在一起。烧焦的两具遗体被分开后才发现，郭永怀生前从不离手的那只公文包卡在他们两人的胸前，而公文包里的绝密资料竟然完好无损。他用自己的身体保护了对我国科研事业极为重要的资料。

1968年12月27日，也就是郭永怀牺牲后的第22天，依据那份在飞机失事中保护下来的最新数据，中国第一种核武器试验成功，郭永怀为之付出生命的梦想终于实现。在他牺牲不到两年，1970年4月24日，我国第一颗人造卫星发射成功。

郭永怀，一生投身科学事业的他，曾经三度转换专业。少年时，他从心爱的光学转向航空救国；回国时，他从抽象的理论转向实用性研究；回国后，他又从航空学转向核武器研制。每当个人兴趣与国家需要发生矛盾时，他总是坚定地选择急国家之所急的艰辛道路。1999年，国家授予一批科学家"两弹一星"元勋称号。许多人并不知道，在23位功勋科学家中，郭永怀是唯一一位牺牲在工作岗位上的革命烈士。为了实现科技救国的使命，郭永怀潜心研究、攻坚克难、奋勇担当，甚至为此付出了宝贵的生命，生而无私、死而无畏，他用忠诚与坚守书写出不平凡的华章。

（改编自《"两弹一星"元勋郭永怀》，中央广播电视总台《国家记忆》，2019年4月3—5日。由李蕊整理）

华罗庚
永远做祖国忠实的儿子

华罗庚（1910年11月—1985年6月），数学家，中国科学院院士。主要从事解析数论、矩阵几何学、典型群、自守函数论、多复变函数论、偏微分方程、高维数值积分等领域的研究并取得突出成就。在解决高斯完整三角和的估计难题、华林和塔里问题改进、一维射影几何基本定理证明、近代数论方法应用研究等方面获出色成果。代表论著有《堆垒素数论》《多复变数函数论中的典型域的调和分析》。1950年回国后，先后任清华大学教授、中国科学院数学研究所所长、数理化学部委员和学部副主任、中国科技大学数学系主任和副校长、中国科学院应用数学研究所所长、中国科学院副院长、主席团委员等职，还担任过全国人大常委会委员和全国政协副主席。入选"100位新中国成立以来感动中国人物"。入选"庆祝中华人民共和国成立70周年大型成就展"1970—1979年英雄模范人物。

华罗庚　永远做祖国忠实的儿子

华罗庚，作为蜚声中外的杰出数学家，他自强不息的奋斗历程、卓越的科学成就和求真务实的科学态度早已脍炙人口，而在他身上充分展现出的中国优秀知识分子科技报国的爱国精神同样让世人景仰。他被亲切地称为"人民的数学家"，2009年被评选为"100位新中国成立以来感动中国人物"。

爱国赤子心

1910年，华罗庚出生于江苏省金坛县。小时候的华罗庚活泼顽皮，学习不太用功，成绩不好。小学毕业后，12岁的华罗庚进入刚刚成立的金坛县立初级中学读书。因为调皮，加之字写得不好，时常被语文教师批评，大部分老师认为这孩子不会有大出息。但是数学老师王维克却发现他爱钻研数学，具有很高的数学天分，因此对他欣赏有加，有意加以培养。在王维克老师的帮助和教导下，华罗庚渐渐改掉了贪玩的毛病，专心钻研起了数学，数学成绩很快名列前茅，从此华罗庚迈开了探索数学世界的脚步。

1925年，华罗庚以优异的成绩从金坛县立初级中学毕业。但因家境贫寒，无力供他读高中，他不得不考入学费更低的上海中华职业学校读书，以期将来能谋个养家糊口的职业。

科学家精神 爱国篇

但后来因家里实在困难，华罗庚不得不中途辍学，只能回到金坛，帮父亲打理家里小店的生意。艰难的生活无法熄灭他对数学的热爱，华罗庚开始了艰辛的自学数学之路。1929 年，王维克从法国留学归来，回到金坛县立初级中学出任校长，他聘请华罗庚担任学校的会计、庶务员和事务主任，后来又顶着压力破格让他成为数学教师，又一次给予华罗庚重要帮助。这期间，华罗庚不幸染上了伤寒，经过半年的休养，虽然病愈，但他的左腿关节粘连变形，落下了终生残疾。贫困和磨难无法阻止华罗庚探索的脚步，凭着对数学的痴迷，华罗庚以惊人的毅力刻苦继续钻研数学，在王维克老师的鼓励和帮助下，他在数学海洋中尽情遨游，不断取得一个个进步。

1930 年 12 月，华罗庚在《科学》杂志发表了《苏家驹之代数的五次方程式解法不能成立之理由》，以敢于挑战权威的勇气在数学领域崭露头角，这是他正式发表的第二篇文章。这篇论文得到了清华大学数学系主任熊庆来教授的认可，他十分欣赏华罗庚的才华，经过多方努力，他聘请华罗庚到清华大学做了助理员。在清华园里，名师如云，学风蔚然，华罗庚除了认真做好助理员的工作外，一有空就扎进汗牛充栋的图书馆，如饥似渴地钻研着数学。华罗庚仅用一年半的时间，便学完了数学系的全部课程，还自学了英语、德语和法语，并且先后在欧美和日本等的国外杂志上发表了十几篇关于数论方面的论文，引起了国际数学界的关注。25 岁的华罗庚向世人展示了卓越的数学才华，清华大学决定破格提拔华罗庚为助教。只有初中学历的华罗庚，终于登上了著名高等学府的讲坛。

1935 年，"一二·九运动"爆发时，华罗庚积极支持清华学生的爱国行为，尽力保护参加运动的学生免遭退学。1936 年，华罗庚回故乡金坛期间，在地下党员王时风的帮助下，邀请各地返乡进步青年，在金坛县立初级中学创立了一所暑期补习学校，积极宣传"一二·九运动"，在家乡传播抗日救亡思想。1936 年夏天，在清华大学的推荐下，华罗庚得到中华文化教育基金会资助，以访问学者的身份去英国剑桥大学进修。临行前，好友虞寿勋前来送行，说道："你今日乘长风，破万里浪，远离故土，有何感想？"华罗庚说："我没有太多的考虑，只想为祖国争光。"

华罗庚来到剑桥大学这所宁静美丽的世界名校时，著名的解析数论学家哈代恰好去美国讲学，他知道华罗庚只有初中学历并且才华出众，临行前让人转告华罗庚，可以在两年内拿到博士学位。剑桥大学的博士学位，是全世界大多数学者梦寐以求的，一般至少3年才能拿到。但是，要通过博士论文答辩，不仅要交纳高额学费，而且只能选择学习有限的几门课程。数学家海尔布伦问华罗庚："你打算攻读哪门课程？我们将给你帮助。"不料华罗庚回答说："谢谢您的好意，我只有两年的研究时间，我来剑桥大学是为了求学问，不是为了学位。"

当时，剑桥大学云集了一批世界知名的数学家，华罗庚和他们相互交流探讨，学习研究了多门课题，努力在剑桥大学良好学术环境中求索钻研。在剑桥大学的2年里，华罗庚研究了华林问题、塔内问题、奇数的哥德巴赫猜想问题等，接连发表了十几篇论文，在多个数学重要领域取得了突破。华罗庚利用在剑桥大学的最后一年发表了《论高斯的完整三角和估计问题》，解决了19世纪欧洲数学之王高斯提出的难题，引起了数学界的震动，数学大师哈代更是对他刮目相看。华罗庚已成长为一名具有世界影响力的数学家，他用自己的努力实现了为祖国争光的誓言。

正当华罗庚在剑桥大学潜心研究之时，1937年7月，日本发动全面侵华战争。消息传来，华罗庚再也无法专心于研究，他要与自己的国家和人民一起战斗。他放弃了在剑桥大学继续求学和翌年去苏联科学院访问的机会，毅然回到多灾多难的祖国。

回国后，华罗庚被聘为西南联合大学教授。国难当头，民不聊生，华罗庚和西南联合大学的教授们在艰苦的环境中，虽然饱尝养家糊口之难和动荡之苦，但仍然克服种种困难，不忘授课育人，专心开展研究。这期间，华罗庚完成了第一部专著《堆垒素数论》。在那些艰难的岁月里，华罗庚与闻一多"挂布分屋",结下了深厚友谊。多年后,华罗庚在纪念闻一多的文章中写道:"……作为一多先生的朋友,我始终感到汗颜愧疚,在最黑暗的时刻,我没有像他一样挺身而出,用生命换取光明!但是,现在我又感到宽慰,可以用我的余生,完成一多先生和无数前辈未竟之事业……"字里行间凝聚着华罗庚对闻一多先生的怀念,也折射出他对祖国的热爱和深情。

心系中华

1946年秋,华罗庚应美国普林斯顿大学邀请访问美国,以客座讲师身份在普林斯顿高等研究院工作1年多。1948年春,华罗庚被伊利诺伊大学聘为终身教授。这期间,他的学术成果更加丰硕,在国际数学界的影响力不断扩大。后来随着国内形势的发展,因担心妻儿被国民党挟至台湾,华罗庚紧急把家属暂接美国团聚。一家人住在伊利诺伊州阿尔巴勒城一座别墅里,华罗庚每天乘坐小汽车去伊利诺伊大学上课。这段时间,对华罗庚来说,是难得的宁静、舒适日子。可是物质享受和安逸的生活并没有使华罗庚萌生久居之意,虽身在海外,但他的心却时刻牵挂着祖国,牵挂着生他养他的那片土地。

在一次圣诞联欢晚会上,华罗庚当着钱学森、林家翘等教授的面,说出了自己的真实想法,并在一片热烈的掌声中,发表了这样的讲话:"诸位,我们大家来到美国,并不准备久居。当初,是因为在国内科学家无用武之地我们才出来的。现在国内要民主、要科学的呼声越来越高,我情愿和同胞们站在一起克服困难,而不希望站在世外。我认为,这是我们作为一个中国人应尽的义务,争取逐步改善环境。因此,如果谈希望的话,我希望回国和苦兄弟们在一起,把祖国建设好。"在一次与美国数学家莱芙尔教授的谈论中,他动情地说:"中国是一个大国,也是一个伟大

华罗庚　永远做祖国忠实的儿子

的国家，为什么我们的数学却这样落后呢？我们一定要赶上去，而且我想我们能够赶上去。"

新中国诞生的消息，如同在平静水面上投下一枚石块，激起了一圈圈涟漪，激荡着华罗庚的内心。华罗庚深信中国共产党领导的新中国一定会重视数学、重视科学，深感"教育洋人子弟，远不如教导祖国青年更有意义"。当得知新中国热烈欢迎各方爱国学者回国参加社会主义建设时，华罗庚再也按捺不住那颗激动的归国之心，他毅然决然选择回国。就这样，华罗庚丢下了洋房、汽车、高薪和舒适的生活，带着妻子和3个孩子，来到旧金山，他们从这里踏上了回归祖国的行程。

1950年3月11日，新华社播发了华罗庚在归国途中所写《致中国全体留美学生的公开信》："……朋友们，'梁园虽好，非久居之乡'，归去来兮！……为了抉择真理，我们应当回去；为了国家和民族，我们应当回去；为了为人民服务，我们也应当回去；就是为了个人出路，也应当早日回去，建立我们工作的基础，为我们伟大祖国的建设和发展而奋斗……"这封信通过无线电波传遍全世界，触动了无数海外学子的归国之心。这封信是华罗庚愿为新中国的科学事业全力以赴奋斗的决心书，也道出了他真挚深厚的爱国心声！

华罗庚为新中国的纯粹数学和应用数学发展做出了巨大贡献，也培养了一大批卓越的数学人才。无论面对坦途还是逆境，他都执着地在数学研究之路上披荆斩棘，始终坚守对祖国的挚爱，心怀永远跟着党走的坚定信念。华罗庚曾于1963年、1964年和1976年多次递交入党申请书。1979年3月25日在他出国讲学前，又一次向党提交了入党申请。他在这份申请书的结尾写道："虽然现在蒲柳先衰，心颤、眼花、手抖、头发白，但决心下定，活一天就为党工作一天，活一小时就为党工作一小时……对党、对人民、对祖国起些微薄的作用。"就在华罗庚出席伯明翰大学欢送会之前，一个佳音从北京飞越大洋传到了他的耳畔——1979年6月13日，华罗庚被接受为中国共产党党员，这让他备受鼓舞。

华罗庚回忆参加法国南锡大学授予其荣誉博士学位仪式时写道："我向坡形的讲堂上望去，站满了身穿博士袍的学者，个个都是德高望重的老人。当主席向各位院士介绍我的学术成就时，全体与会者自始至终一直站立着。其中有位90多岁的老人，由于站立过久，身子支持不住，不得不用颤抖着的双手扶在台子上。这时，我不禁热血沸腾，这些学者长时间的站立着，决不仅仅是对我个人的尊重，主要是对我们伟大的祖国、伟大的中华民族的敬仰。当主席把博士绶带挎在我中山装上的时候，乐队奏起了中华人民共和国国歌，此时我的热泪夺眶而出。我默诵着：祖国啊，荣誉属于您！祖国啊，这异国他乡奏起的国歌再一次说明了您的伟大，我将永远作您忠实的儿子！"

华罗庚把自己毕生的精力投入科学事业特别是数学研究之中，为祖国科学事业的进步建立了不可磨灭的功勋！华罗庚用一生的行动，树立了当代科学家爱国精神的典范，是广大青年科技工作者学习的楷模。

（《新时期更需继承发扬"华罗庚精神"》，白春礼，原载于《中国科技奖励》，2010年第12期。由于松竹整理）

钱学森
我的归宿在中国

> 钱学森（1911年12月—2009年10月），应用力学、工程控制论、系统工程科学家，中国科学院资深院士，中国工程院资深院士。在应用力学、工程控制论、系统工程等多领域取得出色研究成果，著有《工程控制论》《物理力学讲义》《星际航行概论》《论系统工程》等，为中国航天事业的创建与发展做出了卓越贡献。1986年获国家科学技术进步奖特等奖，1999年被授予"两弹一星"功勋奖章。入选100位新中国成立以来感动中国人物。入选"庆祝中华人民共和国成立70周年大型成就展"1970—1979年英雄模范人物。

在钱学森的心里，国为重，家为轻，科学最重，名利最轻，五年归国路，十年两弹成，他是知识的宝藏，科学的旗帜，是中华民族知识分子的典范。他不仅以自己严谨和勤奋的科学态度在航天领域为人类的进步做出了卓越的贡献，更以淡泊名利和率真的态度诠释了一位科学家的人格魅力。

科学家精神 爱国篇
SPIRIT OF SCIENTISTS

为国求学路

钱学森报考大学时,数学老师认为他数学学得好,让他报数学系;国文老师认为他文章做得好,让他报中文系;钱学森的母亲希望钱学森学教育,子承父业;还有一些老师认为钱学森艺术上有天赋,建议他去学画画,学作曲。而这时的钱学森自有主意,做出了他人生的第一次选择:他要学铁道工程,给中国造铁路。

在中学读书的时候,钱学森经常听老师讲到孙中山的《建国方略》,其中在建设方面,孙中山提出要发展交通,尤其要发展铁路交通,让我们国家的铁路像人体的血管一样通向四面八方。那时中国的铁路基本上都是外国人铺设的,中国这方面的人才很缺乏。钱学森受到这种观念的影响,报考了上海交通大学机械工程学院,学的是铁道机械工程专业。

当时,钱学森以入学考试第三名的成绩从北京师范大学附属中学考入上海交通大学。有一次水力学考试后,任课老师金悫教授把考卷发下来讲评:"第一名钱学森,满分。"同学们又羡慕又惊叹地议论着:"哎呀!又是100分啊!"钱学森却满腹狐疑。因为考完试之后,他就发现自己有一处笔误。钱学森拿到试卷找到那道题，毫不犹豫地举手报告："金老师，对不起，我不是满分。"老师确认后宣布："尽管钱学森同学被扣掉4分，但他实事求是、严格要求自己的学习态度在我心目中却是满分，同学们要向钱学森学习。"现在，这份"100分"被改成"96分"的试卷陈列在学校档案馆，成为一代又一代学生学习的榜样。

正当他憧憬着立志做詹天佑那样的工程师时，1932年1月28日夜，"一·二八事变"爆发。日军动用空军狂轰滥炸，由于中国守军没有战场制空权，所以遭受了巨大伤亡。钱学森愤愤地对同学说，现在学铁道机械工程对国家用处不大了，你把铁路刚刚修好，日本飞机一炸就不能用了。为此，钱学森做出了他人生的第二次选择：改学航空工程，当一名航空工程师。

钱学森大学毕业后涉足航空工程。他在回顾学习过程时发现，当时航空工程师的工作依据基本上是经验，很少有理论指导。如果能掌握航空理论，并以此来指导航空工程，一定可以事半功倍。主意一定，钱学森做出了他人生的第三次选择：从做一名航空工程师转为从事航空理论方面的研究。

钱学森的父亲对此坚决反对。他父亲钱均夫是20世纪初的日本留学生，回国后一直从事教育工作。他认为过去的读书人只动嘴不动手，这是人才培养上的错误。他对儿子的培养就是要让他从事工程方面的工作。这个时候的钱学森也就二十五六岁，面对这种情况他很困惑。这时，他后来的岳父、我国近代著名军事理论家蒋百里先生在美国考察，顺便看看老朋友的儿子钱学森。钱学森把心中的困惑倾诉给这位军事理论家，没想到蒋百里先生非常支持钱学森，说道："现代军事发展空军非常重要，我们中国早晚要有自己航空方面的专家，你学航空理论我非常同意，至于你爸爸的想法你不用忧虑，我回去会做通他的工作的。"有了这么一位长辈的支持，钱学森人生的第三次选择成功地实现了。

科学家精神 爱国篇

漫漫归国路

1949 年，当新中国成立的消息传到美国，已成为世界顶级火箭研究专家和美国加州理工学院教授的钱学森按捺不住内心的喜悦，急欲回国，为祖国效力。经过近一年的准备，1950 年 8 月 29 日，钱学森拿到了从洛杉矶返回中国的船票，但他却未能如期登上回国的轮船。

原因是钱学森回国前，曾打电话向美国海军部副部长丹尼尔·金贝尔辞行。放下电话后，金贝尔当即给美国移民局下达了强硬命令："说什么也不能放他回红色中国。无论在什么地方，他一个人都值三到五个师。"金贝尔一方面深知钱学森的价值；另一方面因为 1950 年 6 月 25 日朝鲜战争爆发，中美两国处于敌对状态，放钱学森回国，无异于放虎归山，徒增中方的力量。

此后，美国对钱学森的政治迫害接踵而来。移民局抄了他的家，在特米尔那岛上将他拘留 14 天，直至收到加州理工学院送去的 1.5 万美元巨额保释金后才释放了他。后来，海关又没收了他的行李，包括 800 公斤书籍和笔记本。开始，钱学森并不知道滞留的日子会持续多久，那些被海关扣留的箱子，他从来没有打开过，一直放在那里。但没想到的是被迫滞留的时间竟然长达 5 年之久。从留学美国的那一刻起，他就告诉自己："我的根在中国，我的归宿在中国。"钱学森暗下决心，一有机会就要回到自己的祖国。

在这 5 年的时间里，他四处奔走，寻求机会，争取早日回国，但一直未果。直到 1955 年 6 月的一天，钱学森夫妇摆脱特务的监视，在一封寄给比利时亲戚的家书中，夹带了用香烟纸写的信，请求祖国帮助他们早日回国。同年 8 月 1 日，中美大使级会谈在日内瓦举行，以钱学森写在香烟纸上的信为依据，我国迫使美国政府允许钱学森离美回国。

1955 年 9 月 17 日，钱学森一家登上了"克利夫兰总统号"轮船，启程回国。到北京的第二天，钱学森便带领全家来到了天安门广场，他激动地大声喊道："我们终于回来了！"游子历尽险阻终于归家，欢乐与苦难，光荣与屈辱，强烈地撞击着钱学森的心灵，使他悲喜交加。

航天报国路

钱学森回国后，中国科学院安排他到当时我国工业发展水平最高的东北地区参观。当彭德怀元帅得知此事后，让陈赓大将去哈尔滨见钱学森。彭德怀跟陈赓说："你见了钱先生就问我们国家能不能造导弹？"还说："只要钱先生说能造，我们就组织人干；钱先生说不能造，那我们只能等将来了。"在哈尔滨，陈赓问钱学森："钱先生，你看我们国家能不能造导弹啊？"钱学森回答说："怎么不能啊？外国人能造，我们中国人为什么不能造？中国人又不比外国人矮一截！"回答得非常干脆。陈赓一下子握住了他的手，激动得不得了，说："钱先生，我要的就是你这句话呀！"正是这句话让我国开启了建设中国航天事业的征程。

在当时，除了钱学森一个人知道导弹、火箭是怎么回事以外，就只有两个人见过火箭是什么样儿。我国的航天事业就是在这么一个既缺人、又缺钱，还缺技术的情况下起步的。到了1986年我国航天事业创建30周年的时候，花费的研制经费仅180亿元。这只是美国研制同级别航天器所用研制经费的1/5，但是国家要求完成的任务都实现了——火箭、卫星、返回式卫星，还有中近程、中程、中远程、洲际导弹。

钱学森晚年曾经跟他的秘书说："我实际上比较擅长做学术理论研究，工程上的事不是很懂，但是国家叫我干，我当时也是天不怕地不怕，没有想那么多就答应了。做起来以后才发现原来做这个事困难这么多，需要付出那么大的精力，而且国家受国力所限只给这么一点钱，所以压力非常大。"钱学森既然以国家需要作为自己的选择，就义无反顾把毕生精力贡献给了我国航天事业。

"两弹一星"的研制成功是新中国由弱变强的标志,是新中国成立后最振奋人心、最为世界瞩目的事业之一。但钱学森本人却把自己的贡献看得很淡。钱学森多次强调:"称我为'导弹之父',是不科学的。因为导弹卫星工作是'大科学',是千百万人大力协同才搞得出来,光算科技负责人就有几百,哪有什么'之父'?我只不过是党所领导的、有千万科技工作者参加的伟大科研工程中的一粒小芝麻,算不上什么。一切成就归于党,归于集体!"

"我的事业在中国,我的成就在中国,我的归宿在中国"。钱学森用近一个世纪的人生历程书写了一篇科学报国的壮丽诗篇,创造了举世瞩目的成就,给我们留下了宝贵的精神财富,这其中最为珍贵的是他那颗饱含深情的拳拳爱国之心。

(摘编自《钱学森的人生选择》,钱永刚,原载于《光明日报》,2019年6月20日。由魏宗梅整理)

钱三强
做国家有用之才

钱三强（1913年10月—1992年6月），核物理学家，中国科学院院士。在核物理研究中获多项重要成果，特别是发现重原子核三分裂、四分裂现象并对三分裂机制做了科学的解释。为中国原子能科学事业的创立、发展和"两弹"研制做出了突出贡献。在组织推动中国科学院和国家的科学研究及国际合作等方面做出了重要贡献。1999年被追授"两弹一星"功勋奖章。入选"庆祝中华人民共和国成立70周年大型成就展"1970—1979年英雄模范人物。

1964年10月16日，中国第一颗原子弹在新疆罗布泊爆炸成功。而这一天，也正是我国核物理学家、原子能研究所所长钱三强51岁生日。钱三强少年立志科学报国，青年求学法国，学成后毅然回国，始终胸怀强烈的爱国之心，为中国原子能事业的发展，为原子弹和氢弹的研制，

科学家精神 爱国篇

为国家的强盛奉献了全部的力量。

为祖国而"强"

1913年,钱三强出生在浙江省绍兴市的一个书香世家,生肖属牛。父亲钱玄同早年留学日本早稻田大学,是"五四"时期新文化运动的倡导者之一。钱三强原名钱秉穹,因排行老三,且德智体三方面都很突出,于是改名"钱三强"。他16岁考入北京大学预科,在那时,原子核科学是一门新兴的科学,对大多数人来说陌生又神秘。好奇的钱三强却对这门学科有着更为浓厚的兴趣。于是,1932年,他又考入清华大学物理系。

1933年,钱三强的父亲曾经送过他一幅条幅,上面是他亲手题写的4个大字——"从牛到爱"。在这一般人不太能理解的4个字中,包含着父亲对他的殷殷期望和嘱托。父亲说:"这里边有两层含义,一是要你发扬属牛的那股牛劲,在科学上不断奋进;二是要向牛顿和爱因斯坦学习。"

1937年,钱三强从清华大学毕业后考取了中法教育基金委员会留法公费生的"镭学"名额,获得了到巴黎大学居里实验室学习的机会。然而,就在钱三强动身去巴黎之前,发生了震惊中外的"七七事变",北平危在旦夕。父亲因担忧时局而突然病重,母亲又患了宫颈肿瘤。面对这些困难,钱三强对于出国留学一事犹豫不决。正如钱三强后来回忆当时心境时所说:"现实的中国却总是如此不幸。正当我赴法行期在即,卢沟桥事变爆发,侵略者的铁蹄踏到了中国人的脊梁上……民众的心在剧痛,在流血!加之,家父由于忧愤国事,高血压骤然加重,凶吉难卜。我开始踌躇了:国难家患临头,我能忍心离去吗?"父亲钱玄同明白儿子的心情,强忍病痛对钱三强说:"弹丸之地的日本,敢对偌大中国发起侵略,还不是因为我们国家落后吗!你这次出国深造,是极难得的机会,你现在的所学,将来对国家定能有所用。报效国家,造福社会,发奋之路还远得很哩。

男儿之志,不能只顾近忧啊!"

钱三强牢牢记住父亲的话,把他送给自己的那幅写着"从牛到爱"的条幅装进了行囊,随身携带。往后的数十年中,这4个字成了钱三强人生的座右铭,始终陪伴在他的身边……

学有所成　毅然归国

钱三强进入巴黎大学居里实验室做研究生,导师是居里夫人的女儿、诺贝尔奖获得者伊雷娜·约里奥·居里及其丈夫弗雷德里克·约里奥·居里。

在法国,钱三强异常勤奋刻苦,每天坚持工作学习十几个小时。1940年,他取得了法国国家博士学位,又继续跟随约里奥·居里夫妇当助手。1946年,他与同一学科的才女、在清华大学念书时的同班同学何泽慧结婚。夫妻二人在研究铀核三裂变中取得了突破性成果,被导师约里奥向世界科学界推荐。不少西方国家的报刊刊登了此事,称赞"中国的居里夫妇发现了原子核新分裂法"。同年,法国科学院还向他颁发了物理学奖。

尽管在法国有恩师的指导和优越的研究条件,但钱三强始终心念祖国。钱三强曾说:"虽然科学没有国界,科学家却是有祖国的。正因为祖国贫穷落后,才更需要科学工作者努力去改变她的面貌。"当初他抱着为振兴祖国而学习的梦想来到巴黎，当学业有成时自当回国效力。1948年，阔别故土11年的钱三强怀着为祖国发展科学的愿望，放弃国外优裕的条件，与夫人何泽慧回到祖国。

开创中国的原子能事业

回国后，钱三强首先应清华大学理学院院长叶企孙的邀请，担任了清华大学物理系教授；同时与彭桓武、何泽慧等积极筹立北平研究院原子学研究所，并任所长，成为国内原子核物理研究的先驱。新中国成立前，钱三强不顾压力和危险，拒绝"南迁"，在北平继续进行研究工作。1949年4月，新中国成立前夕，钱三强受中共中央派遣，以中国代表团成员的身份出席世界保卫和平大会。他深谋远虑，临行前，主动约见具体组团的丁瓒，反映自己的一个想法：建议借去巴黎参加和平会议之机，带些外汇转请约里奥·居里先生采购些紧缺且难以买到的开展原子核科学研究的仪器设备和图书资料，以便避开封锁带回国内，日后开展研究应用。这一建议被周恩来总理采纳。后来，核物理学家杨澄中回国时，约里奥·居里让其带回了钱三强托买的图书资料。这些资料在中国开展原子能研究的早期发挥了应有的作用。从这一细节可以看出，钱三强极具战略眼光，很早就预见了中国要发展原子能。

1949年11月，钱三强被任命为中国科学院计划局副局长。这个局当时的首要任务是接收旧的研究机构和提出调整工作方案。钱三强出于职业的敏感性，上任伊始就为建立新的物理学机构而奔走呼号。在他的努力下，中国科学院近代物理研究所（现中国科学院高能物理研究所）于1950年5月正式成立。钱三强开始任副所长，次年便升任所长。在研究所成立前后，钱三强殚精竭虑、求贤若渴、广揽人才。两三年内，这个研究所便获得飞跃式发展。国内外听闻该研究所将成为新中国核物理研究中心，各方面的人才纷纷汇集北京。彭桓武、王淦昌、朱洪元、赵忠尧、杨澄中等就是这时在钱三强的邀请下加入研究所的。钱三强组建了一支强大的物理科研力量，完成了自己回国初期的夙愿。

1955年，我国国民经济好转。党中央根据国外形势需要，把战略目标集中到新兴尖端科技研究上。1956年，我国成立了主管原子能事业建设与发展的三机部（1958年改为二机部），钱三强被任命为副部长，他是这个部领导班子中唯一学过核科学的人，其肩负的使命和重任可想而知。同年，研制原子弹被列入中国《1956—1967年科学技术发展远景规划》。1958年，中国科学院物理研究所改名为原子能研究所，这是我国第一个原子能研究所，钱三强众望所归地成为第一任所长。从此，他把全部精力用在了我国原子能事业发展中。

造出中国的原子弹

20世纪50年代末60年代初，对于中国原子能事业的发展来说，那是一个被卡着脖子的年代。1959年6月，苏共中央来信，拒绝提供原子弹教学模型和技术资料。8月23日，苏联又单方面终止两国签订的《中苏国防新技术协定》，撤走了全部专家，甚至连一张纸片都不留下，还讥讽说："离开外界的帮助，中国20年也搞不出原子弹。就守着这堆废铜烂铁吧！"

钱三强很清楚，这对于中国原子能科学事业，以至于中国历史，将意味着什么。原子能科学事业的道道难关，只要有一道攻克不下，千军万马都会裹足不前。要真是这样的话，造成巨大的经济损失且不说，中华民族的自立自强精神将受到莫大伤害。

中共中央及时做出新决策：自己动手，从头摸起，准备用八年时间搞出原子弹。

疾风识劲草，严寒知松柏。在正确的决策下，原子能战线上的科学技术人员、领导干部和工人、解放军，个个精神抖擞，全力投入到依靠自己的力量发展核科学的伟大事业中。为了记住那个撕毁合同的日子，我国第一颗原子弹的工程代号，定为"596"。

原子弹研制过程中，有一种扩散分离膜是铀235生产中最关键、最机密的部分，苏联人称它是他们"社会主义安全的心脏"，从不让中国科学家接近，就是参观学习，也只许站在很远的地方望一眼。在钱三强领导下，原子能所成立了攻关小组，由学术秘书钱皋韵牵头，联合中国科学院、冶金部和复旦大学等几个研究单位，经过4年努力，研制成功合格的扩散分离膜，并开始批量生产，使我国成为继美、苏、法之后，第4个能制造扩散分离膜的国家。

原子能研究所及时组织了于敏、黄祖洽等青年理论物理学家，在进行原子弹研制的同时，开展了氢弹原理的预研工作；核武器研制进入决战阶段后，30余人合并到核武器研究所，加快了氢弹研制的速度，创造出了从原子弹到氢弹进程上的奇迹！

当1964年10月16日我国西部上空升腾起第一朵蘑菇云的时候，有些外国人还不以为然，以为只不过是一个低水平的玩意儿，直到他们对大气中的漂浮物进行分析后，才感到惊讶。

仅仅用了两年零8个月，我国第一颗氢弹也爆炸成功，成为世界上从原子弹到氢弹发展最快的国家。原子弹与氢弹的研制成功是以钱三强为代表的中国科学家们秉持自强不息、自力更生、艰苦奋斗的民族精神和无私奉献、心怀祖国的爱国精神，融合远见卓识的战略眼光和卓越才能的生动体现。

（摘编自《魂牵心系原子梦：钱三强传》，葛能全，中国科学技术出版社，2013年。由丁芳宇整理）

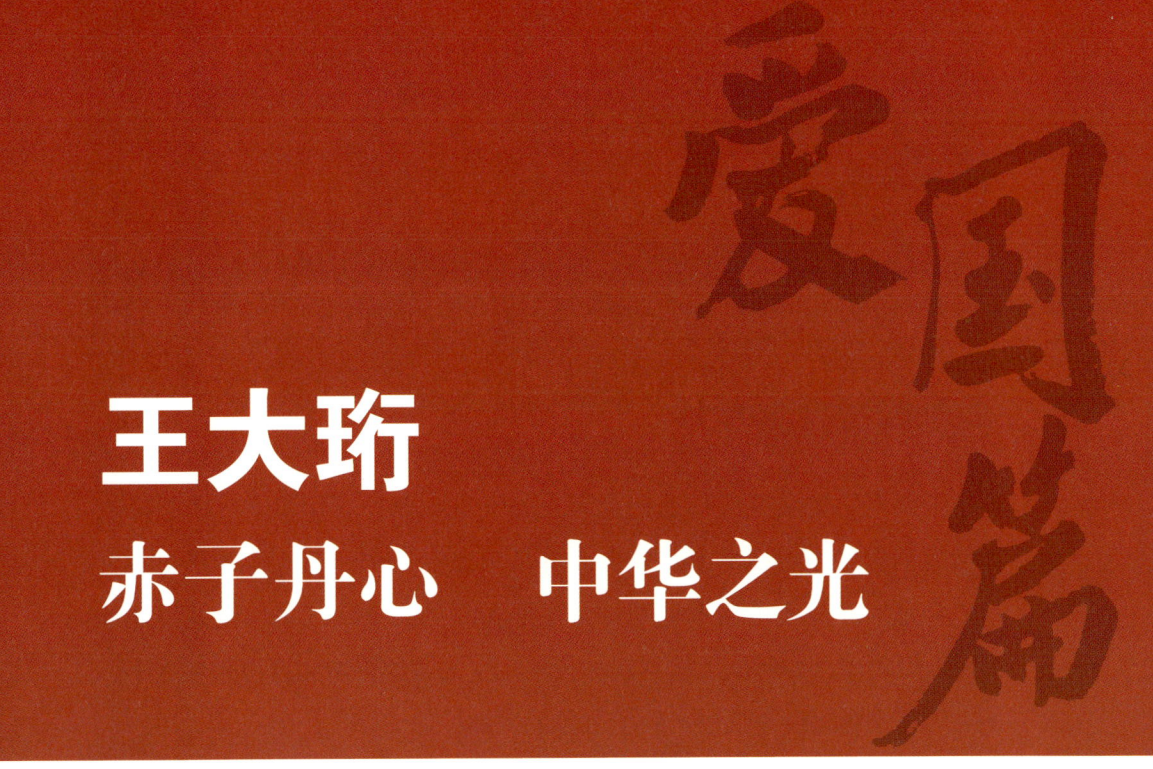

王大珩

赤子丹心　中华之光

王大珩（1915年2月—2011年7月），应用光学家，中国科学院院士，中国工程院院士。对国防现代化研制各种大型光学观测设备有突出贡献，对我国的光学事业及计量科学的发展起了重要作用。20世纪50年代创办了中国科学院仪器馆，后发展成为长春光学精密机械与物理研究所。领导该所早期研制我国第一炉光学玻璃、第一台电子显微镜、第一台激光器，并使之成为国际知名的从事应用光学和光学工程的研究开发基地。1986年，和王淦昌、杨嘉墀、陈芳允联名提出发展高技术的建议（863计划）。1999年被授予"两弹一星"功勋奖章。入选"庆祝中华人民共和国成立70周年大型成就展"1970—1979年英雄模范人物。

提起王大珩的名字，人们往往会想到"两弹一星"，想起863计划，想起长春光机所……他是1955年我国首批学部委员，是"何梁何利"等重要奖项的获得者。他曾说："我要以周恩来总理为榜样，努力做到鞠躬尽瘁，死而后已。"他是这样说的，也是这样做的。

为国家强盛效力

王大珩的父亲王应伟是一位天文与气象学家，早年留学日本，辛亥革命后回国，先后在北京观象台和青岛观象台工作。王应伟才华出众、治学严谨。在王大珩读书期间，常带他去观测天文和气象，给他讲述什么是地磁物理，如何使用仪器观测天象。在父亲的影响和谆谆教导之下，王大珩从小便对科学仪器产生了浓厚的兴趣。

在《我的自述》中，王大珩曾回忆过父亲引导自己走上科学道路的情景："父亲看我有点灵气，从小就引导我学科学，激发我爱科学的兴趣。记得在我很小的时候，当时看到筷子半截插入水中，出现挠折现象时，父亲就指出，这叫折光现象；在小学时，父亲就带我去看他亲自做地磁观测；在初中时，带我进行气象观测实习。在父亲的教育辅导下，我超前学完了中学数学和微积分。"

少年时代这些科学知识的熏陶，对王大珩后来去国外研究应用光学与光学玻璃，回国后致力于中国的光学事业与仪器制造事业影响深远。

王大珩从清华大学毕业后到英国留学。这期间，在其发表的一篇光学设计论文中，创造性地提出了用低级球差平衡残余高级球差并适当离焦的观点。该文中所阐述的一些思想，至今仍是大孔径小像差光学系统（如显微镜）设计中像差校正和质量评价的重要依据，多次被国内外有关著作引用。

1942年，王大珩正在攻读博士学位，当了解到祖国的科技发展急需光学玻璃工艺，便毅然放弃攻读博士学位，到英国昌司（Chance）玻璃公司学习和工作，成为英国昌司玻璃公司的一名物理实验师。

王大珩　赤子丹心　中华之光

王大珩是在英国最早从事稀土玻璃研究的人员之一，在光学玻璃的吸收与脱色研究中，他采用光谱方法研究了氧化铁的化学脱色作用，同时，对不同退火条件下光学玻璃折射率、内应力、光学均匀性的变化进行了深入研究。王大珩改进了退火样品折射率微差干涉测量方法，发展了V棱镜精密折射率测定技术，荣获英国科学仪器协会第一届"青年仪器发展奖"，并制成商品仪器。

后来，他在国内又把V棱镜折光仪进一步改进推广，至今仍是许多实验室和工厂的基本测量仪器。

即使在国外事业有成，拥有优越的生活条件，但在新中国成立前夕，王大珩依然决定回国，为国家的强盛效力。1948年，他先是回到上海，后辗转由香港经朝鲜到刚解放不久的大连，参加创建大连大学并组建应用物理系，任系主任。在当时物质条件极端匮乏的情况下，依靠自制仪器为全校600余名学生开设大学普通物理实验课程。

立志让光学在中国生根

从王大珩在英国的研究工作所取得的成就来看，如果他选择的是一条纯粹的科研之路，那么他或将在光学及其他领域内做出许多令人瞩目的科学成就。但1951年的王大珩，面对着新中国百废待兴，几乎一片空白的光学和应用光学领域，面对着全国几乎没有光学测量设备的现状，他立志要让光学在中国生根，要让国家的国防建设有所依托。从此，他把全部的精力都投入到推动中国光学事业的发展中。

1951年，王大珩受中国科学院邀聘筹建仪器研制机构。1952年，中国科学院仪器馆在长春成立，后改名为长春光学精密机械与物理研究所（简称"长春光机所"），他被任命为代理馆长、所长。在他的主持领导下，长春光机所研制出中国第一炉光学玻璃、中国第一台红宝石激光器和以"八大件"为代表的一大批光学精密仪器……王大珩把他在英国学到的技术充分地应用到了长春光机所的发展中。从各项任务的研制方案到研究所的定位和发展，从管理工作到学术指导，王大珩事无巨细，亲力亲为。王大珩在长春光机所工作了近30年，以其卓越的学术思想和战略眼光，布局研究力量和学科方向，带领长春光机所实实在在地取得了一批开创性的科研成果，填补了中国光学事业的一项项空白，奠定了新中国光学事业研究和发展的学科和技术基础。

王大珩还十分重视光学科技人才的培养。仪器馆建成初期，王大珩亲自领导建立了光学设计组，并举办过多期全国光学设计训练班，培养在职科技人员。在这里受过光学设计启蒙教育的人，有不少后来成为很有成就的光学科学家。

20世纪六七十年代，王大珩带领长春光机所迎难而上，将光学事业和国防建设紧密联系在一起。提到光学和国防科技的关系，王大珩形容，光学是"打边鼓"的，简而言之，便是"在试验以前和试验以后，做记录这方面的工作，并使它能够看见"。光学是"两弹一星"的配角，但它作为探测、测量、观察、记录、通信等手段，发挥的作用却是不可替代的。在执行国防光学任务的过程中，王大珩认为研究所应该走"一竿子"的模式。这意味着，研究所除了负责研究设计之外，还要负责精密机械与仪器的制造和生产。"实践证明，这样做使科研与实际结合，既争取了时间，又保证了质量，可以取得又好又快的效果，还锻炼了一支科研与工程技术结合的人才队伍。"王大珩的这一思想，对中国科学院在内的国内许多工程技术型研究所的办所方针起到了指导作用。这样的做法，对于培养具备较高科学素养的光学领域"大工匠"至关重要。

由于王大珩在我国国防光学科研工作中所做的贡献，1980年他荣获全国劳动模范称号。1985年，"现代国防试验中的动态光学观测及测量技术"项目获得国家科学技术进步奖特等奖，王大珩是首席获奖者。

建言献策，促进中国科技长远发展

在中国科学家群体中，王大珩先生是出大思想、出大主意的人物。科学界中常说，王大珩不仅是一名光学科学家，更是一名高瞻远瞩的战略家，因为他为国家提出了太多有深远影响的建议。

20世纪80年代开始，王大珩担任中国科学院技术科学部主任。岗位转变后，他更加重视为国家决策提供咨询的工作。众所周知的863计划就是由王大珩、王淦昌、杨嘉墀、陈芳允这4位学部委员建言而成的。

建言成立中国工程院，是王大珩的又一历史功勋。早在20世纪80年代初，王大珩就具有远见地考虑工程技术在国家建设中的地位和作用问题。1992年4月，王大珩与张光斗、师昌绪、张维、罗沛霖、侯祥麟6人联合署名，向党中央、国务院报送《关于早日建立中国工程与技术科学院的建议》。1994年6月，中国工程院成立。王大珩被选聘为首批中国工程院院士，并当选为第一届主席团成员，在中国工程院的发展过程中继续倾注心力，发挥了重要作用。

他大力倡导加强高等光学和光学工程教育，不仅亲自创办了长春光机学院（现长春理工大学），还扶持建立了浙江大学、北京理工大学、清华大学、天津大学等学校的光学仪器专业，为我国光学高等教育的发展做出了重要贡献。1997年，国务院学位委员会进行专业目录调整，王大珩给国务院学位委员会写信,申请增设"光学工程"一级学科,并得到批准。

他还非常重视全民科普教育。为提高大众对光学及其应用的认识,2007年8月29日,王大珩等4位院士给温家宝总理写信,提出了《关于建立中国光学科学技术馆的建议》。9月2日得到温总理批复。该馆的建设完成,在光学知识的普及、提高公民科学素养等方面起到了重要的推动作用。

王大珩学识渊博,却平等地与同事们、学生们讨论问题;他既进行科学研究,充分发挥自己的智慧和能力,又常以远瞻的目光向国家提出重大的科学发展建议;他深爱着自己的祖国和人民,以深邃的思想、卓越的见识、宽阔的胸襟、务实的作风和儒雅的风度,把毕生的精力都献给了祖国的光学事业。

王大珩的名字深深刻在了"两弹一星""863计划""中国工程院""大飞机"……这些影响深远的科技大事中。他这种一心为我国的科技事业鞠躬尽瘁的科学家精神,也将代代传承,光芒永存。

(摘编自《赤子丹心　中华之光——记光学科学家、教育家王大珩先生》,李蓉、王晓慧,原载于《学习时报》,2019年9月18日。由丁芳宇整理)

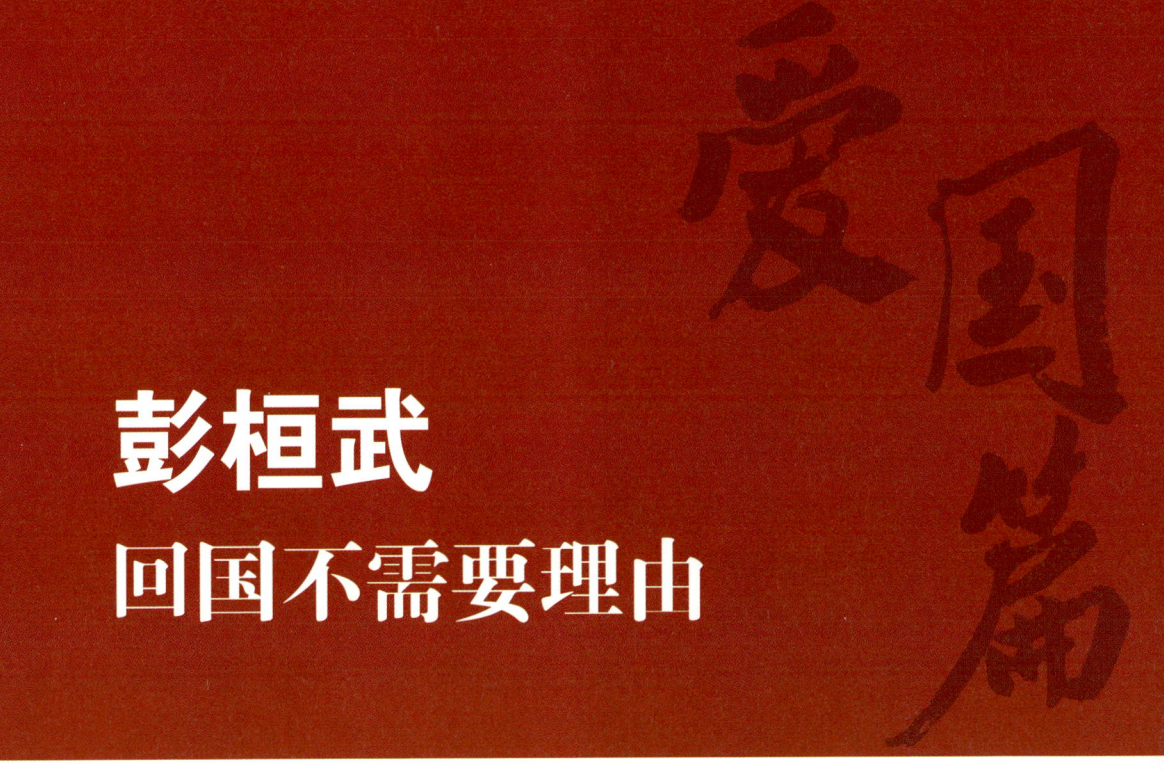

彭桓武
回国不需要理由

彭桓武（1915年10月—2007年2月），物理学家，中国科学院院士。长期从事理论物理的基础与应用研究，先后在中国开展了关于原子核、钢锭快速加热工艺、反应堆理论和工程设计以及临界安全等多方面研究。对中国原子能科学事业做了许多开创性的工作。对中国第一代原子弹和氢弹的研究和理论设计做出了重要贡献。1985年获国家科学技术进步奖特等奖。1999年被授予"两弹一星"功勋奖章。入选"庆祝中华人民共和国成立70周年大型成就展"1970—1979年英雄模范人物。

彭桓武的名字是与中国的核反应堆、原子弹、氢弹、核潜艇和基础物理写在一起的。然而，他却不为大多数中国人所熟悉，这是因为公开参加制造原子弹、氢弹的科学家名单时，他已经离开这条战线回到了中国科学院，更因为他淡泊名利、不求闻达，对叩门而来的荣誉也唯恐避之不及。

科学家精神 爱国篇

他为我国的科技事业默默做了许多重要工作，同时也把对祖国的挚爱深深地埋在心底。

回国不需要理由

1938年，彭桓武考取了"英国庚子赔款"留学生，他在清华大学的老师周培源为他选择了导师——马克斯·玻恩。

彭桓武来到爱丁堡，成为玻恩的第一位中国弟子。并在1940年获得哲学博士学位。1941年，彭桓武来到都柏林高等研究院工作，与海特勒、汉密特两人合作提出了"HHP理论"。这个理论是以研究者姓名的第一个字母命名的，他的名字一时广为同行所知。1945年，彭桓武获得科学博士学位。同年，他与玻恩共获爱丁堡皇家学会的麦克杜格尔·布里斯班奖。他在国际科学界拥有了自己的位置，这是许多学者求之不得的。然而，彭桓武却念念不忘祖国。因回国的行程曾被战火阻断，第二次世界大战结束后，他更加归心似箭。他和滞留法国的钱三强相约，回国后联合志同道合的人大干一场，让祖国借助原子时代的科学技术强盛起来。1947年年底，彭桓武登上东归的海轮；1948年，当爱丁堡皇家学会选他为会员时，彭桓武已经在云南大学执教了。

后来有记者问到他为什么回国，一向十分随和的彭桓武却表现出一种少有的激动："不！我没有理由回答你的问题。你的问题应该换一种问法，那就是作为一个中国人，有什么理由不回到自己的祖国，并为她的富强贡献自己的一分力量呢？我有责任，利用自己的所学之长，来关心她、建设她，使她强盛起来，不再受人欺负。"

1949年，彭桓武来到已经和平解放的北京，暂住在叶企孙教授家里，他和钱三强重逢了，他们终于能以促膝谈心代替纸上交流了，钱三强兴致勃勃地告诉彭桓武："中央准备成立一个人民的科学院，如果我的意见被采纳，就能成立一个近代物理所。"

"这回，咱们可以干起来了！"彭桓武跃跃欲试。他和钱三强商定，先从教育开始，解决物理学人才匮乏的问题。他回到母校清华大学，在国内第一次开设了正规的量子力学课程。

为国家需要而奋斗

彭桓武和王淦昌是同一天来到核武器研究所的，在祖国召唤的时刻，他毅然受命，走进这个神秘的领域，将全部的身心投入到我国核武器的理论攻关中去。回顾当年的心情，彭桓武的语言中没有慷慨激昂的悲壮，却有一种天经地义的自然："这件事情总要有人来做，国家需要我来，我就来了。"

彭桓武担任核武器研究所副所长和第四技术委员会主任，负责原子弹、氢弹理论研究和设计，以及中子点火装置研制。在北京郊区一座树荫掩映的灰楼里，彭桓武指导年轻的科技人员开展研究；在青海高原的金银滩，彭桓武参与指导核爆前的重要爆轰试验；在罗布泊的核试验基地，他洒下了心血与汗水。在他身边，成长出一批批年轻的科技专家。

几乎每项工作都是开创性的。由于国外技术严格保密，核武器研究中许多重要的物理现象、规律及其计算方法都要依靠我们国内专家自己研究突破。在彭桓武的建议下，核武器理论的攻关者们每个星期一上午召开专题研讨会。卓有成就的著名科学家和初出校门的后辈聚在一起对难题"会诊"，各抒己见。会议没有年龄与资历的差别，只有对科学真理的平等探讨。会议室的黑板，是大伙儿一起集思走笔的场所，一个个公式写上去又被擦掉，一个个计算结果得出后又被否定，谁有道理就听谁的。

集体智慧　集体奉献

彭桓武从不以大科学家自居，始终平等待人，实事求是地研究问题，不懂就问。他一直认为，研制原子弹离不开集体的智慧和力量。他特别器重和喜爱那些年轻人，深知他们为计算每一个参数付出了多大的努力。但当年轻人在某些地方考虑不周时，他就提出自己的看法。他经常在黑板前写出一大串计算公式，从另一方面启发年轻人的思路。他热情鼓励年轻人谈出自己的看法，从各种不同的意见中发现有价值的东西。他运用强有力的理论手段把复杂的方程组予以简化，完成了原子弹反应过程的粗略计算，科学地划分了反应过程的各个阶段，提出了决定各反应特性的主要物理量，为掌握原子弹反应的基本规律与物理图像起到了重要的作用。

虽然国家把当时仅有的中国科学院自制的电子计算机尽量保证给他们使用，但计算尺和手摇计算机仍是"常规武器"。对此，彭桓武后来回忆说："我们穷人有穷人的办法，想了些窍门，可能计算上比人家省些时间。整个过程中，理论计算没拖实验的后腿。"

难题被一个又一个地解开了。1962年9月，我国第一颗原子弹的理论方案宣告诞生。1984年，以彭桓武为首的10位科学家的研究成果——"原子弹、氢弹研究中的数学物理问题"获得自然科学奖一等奖。按国家规定，这项一等奖的唯一一枚奖章应授予名单中的第一位获奖者。可当九所的同志把奖章送去时，彭桓武却坚决谢绝，并且说："这是集体的功勋，不应由我一个人独享。"在大家再三劝说下，他才同意留下奖章，却同时说："奖章我收下了，现在这枚奖章已经归我所有，我有权来处理它。请您带回去，就放在研究所，送给所有为这项事业贡献过力量的人们吧！"随即，他提笔写下了14个字："集体、集体、集集体；日新、日新、日日新。"

谈起这件事，彭桓武说："我不是谦虚，是事实，我们的核武器完全是集体智慧的结晶。刚开始，没有谁懂得原子弹、氢弹，是靠集体智慧，集体攻关，集思广益，我们才攻破了一个又一个难关"。

（摘编自《彭桓武访谈追记》，彭继超，原载于《中国政协》，2019年第14期。由丁芳宇整理）

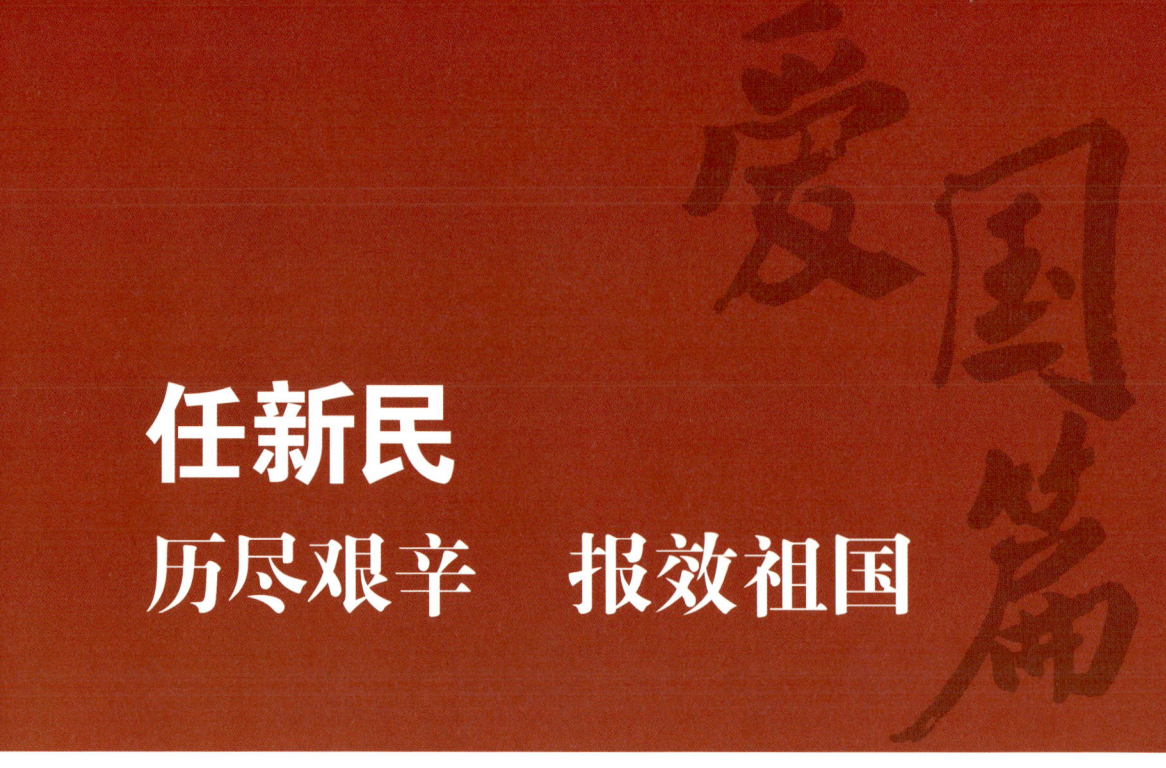

任新民
历尽艰辛　报效祖国

任新民（1915年12月—2017年2月），航天技术与液体火箭发动机技术专家，中国科学院院士。领导和参加了第一个自行设计的液体中近程弹道式地地导弹液体火箭发动机的研制；领导组织了中程、中远程、远程液体弹道式地地导弹液体火箭发动机的研制、试验；组织研制"长征一号"运载火箭；组织氢氧发动机、"长征三号"运载火箭和整个通信卫星工程的研制试验；领导组织了用"长征三号"运载火箭把"亚洲一号"通信卫星送入地球同步转移轨道；担任"风云一号"气象卫星总工程师等。1985年获国家科学技术进步奖特等奖2项。1999年被授予"两弹一星"功勋奖章。入选"庆祝中华人民共和国成立70周年大型成就展"1970—1979年英雄模范人物。

有人说，他的一生波澜壮阔，因为参与了众多航天工程的论证和实施。但他自己却说："我一生只干了航天事业这一件事。"

任新民　历尽艰辛　报效祖国

任新民曾领导我国第一颗人造卫星"东方红一号"的发射，和屠守锷、黄纬禄、梁守槃并称"中国航天四老"。作为运载火箭的技术负责者，他还曾担任试验卫星通信、"风云一号"气象卫星等6项大型航天工程的总设计师，被誉为航天"总总师"。

坚定报国信念

1948年，美国布法罗大学第一次聘任了一位年轻的中国人为讲师，他就是任新民。尽管在国外拥有优越的科研条件和生活条件，但任新民时刻关心着祖国的变化，他从报纸和广播中仿佛听到了祖国解放的"隆隆"炮声，仿佛看到了中国人民解放军正势如破竹地向胜利挺进，中国正在发生天翻地覆的变化。迟早要回到中国，去报效自己的祖国，这个信念在他心里无比坚定。

任新民在美国执教不到一年，新中国即将成立的消息传到了大洋彼岸。于是，任新民辞去美国的大学教职，辗转回国投身新中国建设事业。

很快，任新民就成了华东军区军事科学研究室的一位研究员。突然有一天，一封电报通知任新民去北京。在北京，陈赓将军接见了他，并希望他参与哈尔滨军事工程学院筹建工作。

科学家精神 爱国篇

当时他刚从美国回国不到3年,并且他在美国学的是机械工程,并非导弹、火箭。哈尔滨军事工程学院成立后,他被任命为炮兵工程系教育副主任兼火箭研究室主任,主要教固体火箭。

1956年,中央发出"向科学进军"的号召,提出发展火箭、原子弹等新兴技术,归国不久的钱学森开始组建我国导弹的专门研究机构——国防部第五研究院。钱学森在东北参观重工业时,一个沉稳且与他经历相似的年轻人让他感觉一见如故,这个人就是任新民。钱学森邀请任新民一起创建中国的航天事业,任新民欣然答应。

从此,任新民开启了自己与中国航天事业共生、共荣、共奋进的"航天人生"。

谋划航天大业

1955年,时任哈尔滨军事工程学院炮兵工程系副主任的任新民,同余家骏、周曼殊等一起,向中央军委上报了《对我国研制火箭武器和发展火箭技术的建议》;1956年,他参加了《1956—1967年科学技术发展远景规划纲要(草案)》的研究、讨论与制定工作,在钱学森的主持下,同王弼、沈元等一起完成了《喷气与火箭技术的建立》项目建议书,将火箭、导弹、喷气技术纳入了国家中长期科技规划,勾画出发展蓝图,对推动和促进我国航天、航空技术乃至整个国防科技事业的发展起到了重要的奠基与开拓作用。

此后,任新民作为国防部五院一分院副院长、七机部副部长,领导并参加了《地地导弹发展规划》的制定工作,即在1965—1972年的8年间,研制成功增程的、用于"两弹结合"的中近程及中程、中远程、远程(洲际)液体弹道导弹;还领导参与了《"三抓"规划》的研究制定工作,即在20世纪80年代前期研制成功液体远程(洲际)弹道导弹、从潜艇水下发射固体弹道导弹及成功发射地球同步轨道的通信卫星 3 项任务。

在担任航天工业部科技委主任和高级技术顾问期间，任新民不遗余力地主持制定了《新三星、一箭、一论证规划》，即研制"东方红三号"通信卫星、"风云二号"地球同步轨道的气象卫星、太阳同步轨道的"资源一号"资源卫星，以新的氢氧发动机为三级的"长征三号甲"运载火箭，开展载人航天工程方案论证和重大关键技术攻关的规划。

20 世纪 80 年代后期和 90 年代前期，年逾古稀的任新民领导和参加了我国载人航天工程立项前的大量论证工作，并担任了载人飞船工程技术经济可行性方案评审组组长。

在潜心致力于谋划中国载人航天方案的论证、评审、立项和研制工作之时，这位具有战略思维的科学家，已将目光瞄准了未来，那就是推力为 50 吨级的大氢氧发动机，推力为 120 吨级的液氧煤油发动机和直径为 5 米、低轨道运载能力为 20 吨级的大运载火箭。

任新民全然不顾年事已高，竭尽全力指导和参加了这两个发动机和其运载火箭的方案论证工作，奔走呼吁，促其立项。他多次致函或亲自拜访国家有关综合部门的领导及 863 计划航天领域专家委员会的首席专家，反复阐明："发展航天，动力先行。大氢氧发动机和液氧煤油无污染发动机要尽早立项，开展研制，只要这两个发动机研制成功了，运载火箭的研制就有了基础。"

如今，这两种发动机和运载火箭"长征五号"都已陆续立项，并已研制发射成功，这其中凝聚着任新民大量的心血和智慧。

强国依靠自力

我国第一个导弹研究机构——国防部五院创建之时，中央领导为其确定了"以自力更生为主，力争外援和利用资本主义国家已有的科学成果"

的方针。任新民是这一方针的忠实拥护者和践行者。

1985年下半年至1986年上半年，我国拟购买国外的通信卫星，并委托其他国家运载工具发射。一时间，这一消息在国内外吵得沸沸扬扬。

任新民在完成我国第一颗实用通信卫星的发射定点任务后，急速返京，组织拟写了《关于发展我国卫星通信事业的建议》，适时上报国家有关领导人和部门。他直言不讳地建议："就通信卫星技术而言，我们与世界上航天技术比较发达的国家相比，是有差距，但我们要通过研制的实践，也只有通过研制的实践才能掌握和提高技术水平。只要努力登攀，总会赶上的。"

任新民胸有成竹地表示："中国的运载火箭不仅能发射自己研制的通信卫星，发射中国购买的外国制造的通信卫星，还可以承揽国际商业发射服务。"

中央有关领导对任新民的意见与建议非常重视，陆续做出批示，并随后决定：依靠自己的力量研制新一代通信卫星，中止购买外国通信卫星。这对于我国乃至整个世界通信卫星事业的发展，无疑意义重大，影响深远。

"尖端技术靠买是买不来的，买来了也掌握不了。"任新民对聂荣臻元帅所论述的这一观点非常认同和赞赏。坚信中国人行，坚持自信、自立、自强是任新民一生始终不渝的信念。

为国家航天担重任

在中国航天系统，任新民是担任型号工程总设计师、副总设计师或技术负责人最多的一位；也是领导或主持靶场飞行试验、发射次数最多、在试验现场工作时间最长的一位；更是技术领导深入车间、研究室、试验站最多的一位。这些"最多"来源于航天统计，更是他将心血和智慧奉献给中国航天事业的真实记录。在这些"最多"中，他遇到的技术关键和难题自然最多，各类各样的沟沟坎坎、险关隘口比比皆是。

1984年4月，第二枚"长征三号"火箭和第二颗"东方红二号"卫星，已矗立在发射塔架上，还有3天就要发射了。在射前总检查中，遥测电源由外电转内电时，出现了"过压报警"问题。负责这一系统研制的参试人员费了九牛二虎之力，仍无头绪。

任新民得知这一情况后，旋即赶赴现场。他听取汇报，得知有些人想靠抗过压保护不再查找原因时，脸色立刻突变，严肃地指出："过压报警的原因没搞清楚，算不算一个疑点和隐患？我们天天讲不带任何疑点和隐患上天，就是说在嘴上、写在墙上吗？"

此时，任新民站起来质问道："设过压报警的目的是什么？是干什么用的？这是第一道防线，箭上的过压保护是第二道防线，是对没想到或未发现的原因导致过压时，进行保护。现在明知第一道防线出了问题，原因也不清楚，就想退守第二道防线，那第一道防线不是等于没设或者是不攻自破吗？"最后，他坚定地说："过压报警的事一定得查清原因并彻底排除。否则，所有的工作都不能往下走，我宁可让全线都等着你们！"

大家一听都愣神了，这全线都等着可非同小可呀！全线不仅包括发射场区成千上万的参试人员，还包括遍布于全国各地的测控台站，也包括远在南太平洋的测控舰船，那影响和损失就大了！承担这一系统研制任务的科技人员知道已无退路，只有横下一条心，彻底地查。

事情往往就是这样，一旦认真起来，问题就容易解决了。还不到半天，产生过压报警的原因就找到了，是由图物不符所导致的。更改后再进行转电试验，就不再出现过压报警了。在场人员欣喜若狂、欢呼雀跃，一直在现场的任新民露出了满意笑容。一直沉默寡言的他也如释重负道："我担心的是查不清原因，怕后面潜伏着更大的隐患。"

紧接着，任新民举一反三，分别召开了"长征三号"和"东方红二号"各分系统主任设计师以上的技术负责人会议，通报这一过压报警问题，动员大家再深入地开展回想，查找有无漏洞和疑点。

正是这一个个具体问题和细节的解决，才赢得了一次次的成功。任新民严肃认真、一丝不苟的科研作风和治学精神，为这些成功提供了强有力的保证。有的人活着是一面旗帜，离去了是一座丰碑。任新民就是这样的人。他以敦实而绚丽的业绩与贡献昭示后人，他的名字将永载中国航天史册。

寻觅这位老一辈科学家的人生足迹，我们会从中体会到中国航天从创建到发展壮大的步履维艰。在这幅璀璨绚丽的历史画卷绘制过程中，也为我们展现了一位一心报效祖国，为我国航天事业的发展做出非凡业绩老一辈科学家的崇高精神。

（摘编自《任新民：绘就中国航天璀璨画卷》，谭邦治，原载于《光明日报》，2017年9月18日。由张闫整理）

陈芳允
竭诚为国兴　努力不为私

陈芳允（1916年4月—2000年4月），无线电电子学与空间系统专家，中国科学院院士。为我国无线电电子学做了开创性工作，和合作者研制并参加组建成功我国人造卫星无线电测量控制系统，提出了微波统一测控系统的新方案，并负责这一系统的研制和星地技术协调工作。为发射我国通信卫星做出了重要贡献。进一步研究适应中国需要的应用卫星系统，包括定位导航、遥感和移动卫星通信系统。1986年和王大珩、王淦昌、杨嘉墀联合向中央提出了发展我国高技术的倡议（863计划）。1985年获国家科学技术进步奖特等奖。1999年被授予"两弹一星"功勋奖章。入选"庆祝中华人民共和国成立70周年大型成就展"1970—1979年英雄模范人物。

陈芳允是我国著名科学家、"两弹一星"功勋奖章获得者、国家863计划发起人之一、中国科学院资深院士。他的一生，是追求科学、艰苦

科学家精神 爱国篇

奋斗的一生,是全心全意为人民服务的一生,是无私奉献、鞠躬尽瘁的一生,是献身国防科技事业并做出重要贡献的一生。他崇高的革命理想,优秀的道德品质,强烈的创新精神,严谨的治学态度,永远值得我们学习。他所展现的一位中国优秀知识分子的高尚风范,永远镌刻在我们心中。

竭诚为国　天河测星

陈芳允是一位具有强烈爱国主义思想的科学家,他把自己的一生与祖国的命运紧紧联系在一起。他在一首诗中写道:"人生路必曲,仍需立我志,竭诚为国兴,努力不为私。"

早在 20 世纪 30 年代,陈芳允上中学时,就立志要用知识报效祖国。1934 年,他以优异成绩,从上海浦东中学考入清华大学机械系,后来转入物理系学习。抗日战争爆发前夕,他参加了著名的"一二·九"爱国主义运动。亲眼看见自己的国家遭受帝国主义肆意蹂躏,陈芳允感到莫大的屈辱。由此,他明白了"落后就要挨打"这个真理,从而更加坚定了科学救国、振兴民族的理想抱负。1938 年年初,陈芳允转入西南联合大学,学习无线电专业。毕业后,他到成都航空委员会无线电厂工作,主要从事飞机导航系统的研制与操作。这期间,他发奋努力,刻苦钻研,一心为抗日斗争做出自己的贡献。然而,在灾难深重的旧中国,国民党反动政府腐败无能、消极抗日,使他感到报国无门。于是,他决定到国外求学,为报效祖国积蓄知识。1945 年年初,他远渡重洋,去英国一家无线电厂从事技术研究工作,先后参加了该厂海用雷达和彩色电视接收机的研制。他虽身在海外,却仍心系祖国。工作期满后,他谢绝了工厂的挽留,启程回国。国民党败退大陆时要强行带走包括陈芳允在内的一批科技专家。怀着对新中国的无限热爱,陈芳允不惜自残脚趾,才躲过了劫难,并从此把自己一腔热血融入了新中国建设的伟大事业之中。

陈芳允　竭诚为国兴　努力不为私

新中国的建立，使陈芳允看到了民族振兴的希望，也使他拥有了报效祖国、施展才华的广阔天地。1957年，苏联发射了世界上第一颗人造地球卫星，陈芳允应用自己多年的研究成果，对该卫星进行了无线电多普勒测量，计算出了卫星的入轨参数。这项技术，不仅成为我国天文台对人造卫星无线电观测的基础，也成为此后我国发射人造卫星所采用的跟踪测轨的主要技术。之后，他又从事脉冲技术研究工作，完成了多项国家急需的电子仪器和设备的研制任务，其中纳秒（即毫微秒）脉冲采样示波器达到国际领先水平。这些仪器设备在我国神经生理学研究、第一颗原子弹试验及歼击机改进中发挥了重要作用。

根据毛泽东主席"我们也要搞人造卫星"的指示，1965年，我国第一颗人造地球卫星研制工作正式启动。陈芳允担任了卫星测量总体技术负责人。当时，卫星测量在我国是一个全新的技术领域，特别是对卫星的跟踪观测到底采用哪种手段和方案，我国还没有经验。为此，陈芳允带领技术人员深入研究，大胆实践，反复论证。他认为，我国的卫星测量体制应从国情出发，测量方案必须适应我国地理环境而又能照顾全面。于是，他提出了以多普勒测量为主，并在卫星入轨点附近的地面观测站设置雷达和光学设备加以双重保证的技术方案。在方案实施过程中，陈芳允不仅主持了技术方案的设计，还参加了设备研制和测量台站的建设工作。经过他与其他技术人员实地考察，分别在新化、南宁、昆明、海南设立了4个多普勒测量站。1970年4月24日，我国第一颗人造卫星"东方红一号"发射升空，地面观测系统很快抓住目标，进行持续跟踪、测量与计算，及时预报了卫星飞经世界各地的时刻。实践证明，由陈芳允主持完成的具有中国特色的卫星测量方案非常有效，实现了"抓得住、测得准、报得及时"的目标，而且在轨道测量精度上与其他国家相比也达到了较高水平。我国第一颗卫星测量任务的圆满完成，为我国卫星测控网的建立奠定了基础。

科学家精神 爱国篇

随后，陈芳允参加了我国回收型遥感卫星测控系统方案的设计和制定工作。那时正值"文化大革命"时期，科研工作受到严重干扰，科技人员受到排挤，陈芳允被下放到陕南一工厂进行"锻炼""改造"，当时的处境可想而知。但他丝毫没有动摇赤诚报国的信念，他顶住压力，排除各种困难，潜心钻研，与其他同志一起设计完成了遥感卫星的测控系统方案，为我国第一颗遥感卫星成功回收做出了重要贡献。他为卫星测控系统所做的开创性工作，对我国航天技术在较短时间内得以迅速发展起到了重要作用。

勇于开拓　创新报国

陈芳允是一位善于创新、勇于开拓的科学家，他坚持从中国的国情出发，走建设有中国特色的航天测控发展之路。他说："我国的科学技术要赶超世界，如果只走别人的老路，一切照搬照抄外国的东西，是行不通的。"正是基于这种开拓创新的思想，50多年来，他为我国科技发展和国防现代化事业不断创造出非凡的业绩。

20世纪60年代末，我国中、低轨道卫星的地面测控网即将建成，为了使地面测控网能精确测量、控制距地球36 000千米高度的通信卫星，地面测控系统必须增大功率、提高灵敏度和作用距离。陈芳允经过充分论证，力主建立微波统一测控系统，用于通信卫星由发射至定点的全程跟踪测轨、遥测、遥控及数传。他认为，使用统一系统可以大大节省卫星载荷的体积和重量，特别是星上天线的数目，同时也可以大大节省地面设备的规模和投资。他的建议得到了国防科委领导的支持，并于1975年正式立项。之后，陈芳允和国防科委、航天部、电子部等单位的科技人员一起精心设计、顽强攻关，使这一系统日趋完善。该系统于1980年建成，并在1984年4月8日发射我国第一颗同步通信卫星时得到成功应用。它的研制成功，

陈芳允　竭诚为国兴　努力不为私

使我国的航天测控系统从过去单一功能的分散体制发展为综合多功能体制，我国的航天测控技术开始跻身于国际先进行列。

为适应航天测控技术发展的需要，1977年我国建造了"远望号"航天远洋测量船，成为继美、苏、

法之后第4个拥有航天测量船的国家。由于船上多种测量、通信设备间电磁干扰严重，影响了设备的正常工作。为解决这个难题，陈芳允首先提出：测量船能否在测量的同时实现与国内通信，关键是解决测量船上众多设备之间的电磁兼容问题。为此，他和科研单位的技术人员在"远望号"上实地考察，认真研究，利用频率分配的方法设计了方案，使各种设备得以同时工作而互不干扰，成功地解决了"远望号"船电磁兼容这一重大技术难题，并在我国向太平洋发射运载火箭试验中首次得到验证。

卫星导航定位在国民经济和国防建设上具有重要的应用价值。陈芳允早期从事雷达工作时，就已经开始关注导航定位问题，参加空间技术研究之后，一直希望解决利用卫星对地球上运动物体的导航定位。按我国当时的技术、经济状况，发展类似美国的全球定位导航系统（GPS系统）难度较大。1983年，他根据我国的现实情况，提出了用两颗同步定点卫星对地球上的物体进行定位，并可同时进行通信的设想。在有关部门的支持下，他带领课题组的同志经过两年多的艰辛探索，再加上其他专家在理论上的分析和精密计算，研制了"双星定位通信系统"，并在1989

年演示成功。在世界上第一次实现地面目标利用两颗卫星快速定位、通信和定时一体化，为我国研制、发展双星导航定位系统奠定了理论和技术基础。按此思想，我国开展了卫星导航系统研制的工程建设，并取得了可喜成绩。

陈芳允认为，科学实践是对客观世界规律性认识的探索，其目的在于认识世界并进而改造世界。20世纪80年代，国际上兴起微小卫星技术，他给予极大的关注，并不遗余力地推动微小卫星技术在我国的发展和应用。1992年，他在世界空间大会上宣读了他和我国地球科学家们共同撰写的论文《地球环境观测小卫星群系统与国际合作》，在国际上首次提出建立对地球环境观测的小卫星群系统。该系统不仅可以缩短对世界各地的观测重复周期，而且对地球环境的动态观测，特别是对自然灾害和环境保护的监测十分有利。这一主张得到世界上多个国家的拥护和响应。对微小卫星在军事上的应用，陈芳允也提出了许多有创造性的建议。

高瞻远瞩　战略雄才

陈芳允始终以战略家的眼光密切关注世界科学技术的发展趋势，分析提出值得我国借鉴的意见。1983年，美国宣布实施"星球大战计划"，试图以此带动科技和经济的全面振兴，抢占21世纪的战略制高点。此后，欧洲也提出联合实施以发展未来高技术为目标的"尤里卡计划"。1986年年初，原国防科工委组织了多次专家讨论会，研讨国防高科技发展方向问题。陈芳允在一次会上发言说："在科学技术飞速发展的今天，谁把握住高科技领域的发展方向，谁就有可能在国际竞争中占据优势。"光学专家王大珩十分赞同陈芳允的意见。会后，陈芳允反复思考，认为发展高科技，特别是以军事高技术为代表的高技术，中国面临着重大挑战和机遇，如果我国能在主要军事高技术领域有选择地跟踪、发展，那么中国将在世界高技术领域占有一席之地。他觉得此事重大，光有想法还不行，必须马上行动。他和王大珩找到核物理学家王淦昌和空间自动控制专家杨嘉墀，4位老科学家经过认真讨论，起草了《关于跟踪世界战略性高技术发展的建议》，表达了这样的观点：真正的高技术不是花钱能买来的；高技术研究的实效要花气力和时间；发展高技术不仅要集中现有的科研实力出成果，而且可以培养新一代高技术人才。这份建议书被直接送到邓小平同志手里。邓小平同志极为重视，认真阅读，于1986年3月5日做出重要批示：此事宜速作决断，不可拖延。党中央、国务院立即组织有关部门和百余名专家，通过全面认真的分析论证，于1986年10月，批准了《国家高技术研究发展计划纲要》，即863计划纲要。863计划的实施，对于增强我国的综合国力，提高我国的国际地位发挥了重要作用。

至诚爱国　精神永驻

陈芳允是一位成就卓著的科学家，也是一位品质高尚的优秀共产党员。几十年来，他为我国科技事业特别是航天事业的发展忘我工作，鞠躬尽瘁，做出了非凡的贡献，其人格魅力在我国科技界有口皆碑，备受崇敬。

几十年来，陈芳允始终保持着艰苦奋斗、忘我工作的精神。他常说："我国底子薄，经济条件有限，在科研上，一定要用最少的钱，办最大的事。"我国航天事业起步之初，建立地面测控系统遇到的首要问题是资金短缺。国外发射卫星均在全球布站，花费大量资金租用别国的土地，但我国经济基础薄弱，就连在国内建站和研制设备，也得把费用减到最低，并且要达到"投资少、见效快、一次成功"的目标。为实地勘测卫星跟踪测量点，陈芳允带领技术人员走南闯北、跋山涉水，从炎热的南方到寒冷的西部大漠，从东海之滨到北国边疆，到处都留下了他的足迹。他这种艰苦奋斗的工作作风，深深感染着周围的科技人员，在那种艰苦的环境下，大家以苦为荣，以苦为乐，团结协作，拧成一股绳，干出了令人瞩目的成就。

即使在生命的最后时刻，陈芳允还思考着在我国财力十分有限的情况下，如何实现卫星移动通信系统和卫星导航定位系统相结合的问题。去世前两天，他与一位搞卫星轨道设计的同志进行了深入探讨，并约定了一位从事导航定位研究的专家，然而，他没来得及与这位专家交流，就带着遗憾走了。他这种忘我精神，也使医护人员深受感动。

陈芳允始终自觉把个人理想和祖国命运紧紧联系在一起。他在我国科技事业和国防现代化建设征程上留下的足迹，人们不会忘记；他为祖国的强盛、民族的振兴所建立的卓越功绩，人们不会忘记；他为广大科技工作者留下的精神财富，人们不会忘记。

（摘编自《一颗永不陨落的科学巨星——陈芳允》，曹刚川，原载于《舰船知识》，2000年7月3日。由杨杨整理）

吴大观
航空报国　勇做中国心

爱国篇

吴大观（1916年11月—2009年3月），著名航空发动机专家。他创造了新中国多个"第一"：组建第一个航空发动机设计机构，领导研制第一型喷气发动机，创建第一个航空发动机试验基地，建立第一支航空发动机设计研制队伍。他毕生致力于航空发动机科研、设计技术、试验设备建设等工作。对航空发动机的研制方法和程序有独到见解，借鉴国外技术规范并结合我国国情组织编制了我国第一部航空发动机标准规范。培养了中国几代航空发动机设计研究人员。入选100位新中国成立以来感动中国人物。入选"庆祝中华人民共和国成立70周年大型成就展"2000—2009年英雄模范人物。

2009年3月18日，一位老人静静地走完了93年的人生历程。他的一生与祖国的航空发动机事业紧紧联系在一起，倾尽一生心血而无怨无

科学家精神 爱国篇

悔，甚至在弥留之际，心里想的仍然是航空发动机事业。为了中国战机能够装上强健的"中国心"，他把自己的满腔忠诚和聪明才智，毫无保留地奉献给了哺育他的伟大国家和民族。他的名字被深深镌刻在新中国航空工业史上。他就是"全国优秀共产党员"——吴大观。

克服阻碍　航空报国

1916年，吴大观出生于扬州；大学就读于国立长沙临时大学（后迁昆明，更名为国立西南联合大学），在大学期间，吴大观刚开始学的是机械。那时，日本侵略者的飞机在祖国的天空肆意横行。看着这一切，吴大观立志航空报国，向学校提出转入航空系。1942年，他从国立西南联合大学航空系毕业，毅然选择到当时国内唯一的航空发动机制造厂，位于贵州大定的"乌鸦洞"，研究航空发动机。

1944年，吴大观被选送到美国深造。毕业后，吴大观拒绝了美国企业高薪聘任，于1947年3月毅然回国，同年北上，到北京大学工学院机械系任讲师；1948年，从国统区到解放区，受到聂荣臻元帅接见；1949年11月加入中国共产党，任重工业部航空筹备组组长，参与新中国航空工业筹建工作。

吴大观受命于国家困难之时，航空发动机研制一切从零起步。面对国家资金短缺、国外技术封锁、技术力量薄弱等重重困难，吴大观千方百计克服阻碍，带领年轻的发动机设计队伍，开始了自力更生研制发动机的奋斗历程。

时刻以国家利益为己任的吴大观，在追赶世界先进水平的奔跑中一刻都不敢懈怠。在条件极其艰苦的情况下，吴大观受命在沈阳筹备组建新中国的第一个航空发动机设计室，在毫无设计基础和经验的情况下，完成了我国第一台喷气教练机发动机研制并试飞成功。靠着一点一滴的攻关，他

吴大观 航空报国 勇做中国心

带领研制人员不断突破，组织了多型航空发动机的研制工作。吴大观深深体会到，研制先进发动机必须有先进的试验手段，他提出要建设航空发动机试验基地，同时边做科学研究，边搞基础设施建设，不遗余力地推进型号研制和基础条件建设。他主持建立了航空发动机研制第一套有效的规章制度，制定了比较完整的发动机设计、试验标准"八大本"，领导建立了第一部航空发动机研制国军标，为研制可靠、管用的发动机提供了技术基础。这一系

列开创性的工作，不仅为当时的科研工作拼出了一条出路，更为后来"昆仑""太行"等发动机的成功研制奠定了坚实基础。

"既然你还活着一天，就应该为你的事业、工作操心一天。"饱含"航空报国"情怀的吴大观有着对航空工业强烈的责任心和对祖国的赤胆忠诚。

在航空发动机设计中，很多困难是常人难以想象的。当时，少数航空大国开始用到钛合金新材料。在发动机上采用新材料，没有足够的胆识和战略的眼光是很难做出决断的，吴大观力主上马。就这样，涡扇6发动机上首次使用了钛合金等15种新材料，使发动机的材料和工艺水平与国际逐渐接轨。涡扇6的研制成功，实现了中国航空发动机由仿制到自行设计的历史性突破。

科学家精神 爱国篇

不断探索　勇做中国心

为探索出中国人自行设计航空发动机的道路，在发动机人才奇缺的情况下，吴大观建起了新中国第一支航空发动机设计研制队伍，这支当时不到100人的队伍披肝沥胆、忘我拼搏，以设计室为家，全身心推动发动机研制工作。1977年年底，已经年过六旬的吴大观从沈阳606所调到西安430厂。他说："我62岁要当26岁来用。"他把自己当成一台发动机，高负荷、高效率运转，技术上精心指导，工作上严格要求，学习上分秒必争。吴大观曾说："投身航空工业后，我一天都没有改变过自己努力的方向。"即使在最艰难的日子里，他的初心也从来不曾动摇。

1982年，吴大观调到航空工业部科学技术委员会任常委。他说："我有看不完的书、学不完的技术和做不完的事。"他用5年时间钻研新技术，写下上百万字的笔记，总结了几十年的工作心得，尽心竭力为航空发动机事业思考、谋划。在决定"太行"发动机前途命运的关键时刻，吴大观大声疾呼："我们一定要走出一条中国自主研制航空发动机的道路，否则，战机就会永远没有中国心！"于是，吴大观等9位资深专家联名上书党中央，"太行"发动机项目得以立项。18年后"太行"终于研制成功，实现了我国从第二代发动机到第三代发动机的历史性跨越。

吴大观对航空发动机事业的卓越贡献，为航空发动机研制的后来者树起了一座永远的精神丰碑。他用坚定的理想信念、高尚的品德情操、毕生的拼搏奋斗，忠诚践行了中国航发人"国为重、家为轻"的家国情怀和"择一事、终一生"的价值追求。

（摘编自《吴大观：用一生熔铸"中国心"》，温源，原载于《光明日报》，2019年10月8日。由刘英整理）

黄纬禄
铸中华神剑　壮民族之胆

黄纬禄（1916年12月—2011年11月），导弹总体和自动控制技术专家，中国科学院院士。1957年后主持液体战略导弹控制系统试制及改型设计，解决了远程多级火箭液体晃动、弹性弹体稳定、级间分离及各种制导、稳定方案的理论和工程技术问题；20世纪70年代后主持研制潜地和地地固体机动战略导弹获得成功，突破了水下发射、三轴稳定平台在运动基座上的调平及瞄准、导弹设计诸元的适时计算和装订、陆上机动车的研制发射等系列关键技术。1999年被授予"两弹一星"功勋奖章。入选"庆祝中华人民共和国成立70周年大型成就展"1970—1979年英雄模范人物。

1982年10月12日，平静的渤海海面上，一条喷火的蛟龙突然跃出水面，以极快的速度直飞蓝天，在海天之间绘出一幅壮丽的景观……多少人为之付出心血的我国第一代潜地固体导弹终于研制成功了。作为总设计师的黄纬禄和在场的每一位技术人员一样，看着越飞越高的导弹，激动得热泪盈眶。

逢战乱　艰难求学

在小学读书期间，学生们都爱玩竹蜻蜓，黄纬禄也不例外。然而，抛向空中的竹蜻蜓看似简单，却蕴含着许多值得反复玩味的深刻道理。看着玩得兴致勃勃的小伙伴，再看看一只只旋转着飞向空中的竹蜻蜓，黄纬禄心中画起了问号：竹蜻蜓能飞多高？如果提供持续动力，它们是否可以按人们的要求一直飞下去……对小小竹蜻蜓的疑问和思考在黄纬禄幼小的心灵中埋下了创新求索的种子。谁曾想一支竹蜻蜓几十年后会化作一枚划破长空的导弹，一飞冲天，震惊世界！竹蜻蜓虽小，却能成长为支撑民族脊梁的利剑！

1937年7月，卢沟桥炮声响起；8月，日军占领上海，南京危在旦夕。8月15日，日寇飞机第一次轰炸南京，中央大学图书馆和实验学校大门被炸。8月19日，大礼堂后壁破裂，主席台上的座椅被炸得飞至三楼，办公室被炸，女生宿舍被炸塌。正在中央大学就读的黄纬禄和所有同学一样，看着昔日美丽恬静的校园转眼间被炸得面目全非、断壁残垣，心里充满了对日寇的仇恨。

为了与日寇的轰炸抢时间，中央大学数千师生和眷属，浩浩荡荡地千里西迁，风洞设备、三架被拆卸的飞机、几千箱图书、仪器、设备、物资等，全部运抵码头，装船西运。站在轮船的甲板上，眺望滚滚而下的长江水，黄纬禄心情沉重：什么时候，我们泱泱大国才能强盛起来，不受欺侮呢？

在辗转求学和参加工作几年后，黄纬禄依然清楚记得陈章老师对他和同学们进行的爱国主义的言传身教，也不忘自己最初的抱负：寻找一条可以使祖国摆脱贫穷、走向富强的道路。这条路在他眼中就是科学救国、工业救国。他渴望着能够有机会继续深造，使自己的技术能力得到进一步提升。

出国留学　初识导弹

1943 年 11 月，黄纬禄开始了他在英国的实习生活，他目睹了德国 V-1、V-2 导弹袭击伦敦的一幕幕情景，见证了导弹的威力。在这期间，黄纬禄有幸参观了英国缴获的一枚德国 V-2 导弹，"陀螺仪定位、定方向，大的发动机可以使导弹起飞、加速、飞得很高很远。"他一边听讲解员解说，一边回忆自己学过的电机方面的知识，通过认真的观察和分析，他基本了解了 V-2 导弹的原理。看着眼前这个大家伙，黄纬禄的脑海中闪现出一个念头，要是中国拥有了导弹，日本帝国主义就不敢再侵略我们了！中国是火药的故乡，中国人一定能够造出自己的火箭和导弹。研制中国导弹和火箭的种子，就这样播撒在黄纬禄的内心深处。

1945 年 5 月，黄纬禄进入了帝国学院，选择了电机工程专业。在帝国学院，黄纬禄如同一块干燥已久的海绵忽然被丢进了知识的海洋，全身心地投入到艰苦、紧张而又充满兴趣的学习中。两年时间中，黄纬禄不但系统地学习了《电路电场理论》《电能传输与电子学》《固体电子理论》等课程，还进行了大量与课程密切相关的实验，这使得黄纬禄在专业方面的理论水平、设计能力及解决实际问题的能力得到大幅提升。两年后，黄纬禄顺利地从帝国学院毕业。

爱国敬业　一生与导弹结缘

离开祖国整整 4 年，黄纬禄非常想念自己所熟悉的山山水水和久别的亲人。1947 年 8 月，他踏上了归国的征程。离祖国越近，他的心情就越兴奋，盼望着自己所见到的比想象中的还要好。然而，归国不久，黄纬禄的期望渐渐变成了失望。离别4年的祖国，依然灾难深重，贫穷落后。社会动荡不安，物价飞涨，百姓无助。黄纬禄心中的失望与一种强烈的责任感并存。他始终认为国不强，民不富，首先是因为国力弱，科学技术不发达。科学救国的激情，在黄纬禄的心中更加猛烈地燃烧起来。为了祖国科学技术的发展，黄纬禄要把这些年在英国学到的知识，全部奉献给自己亲爱的祖国。

1947年10月，黄纬禄到位于上海提篮桥平凉路和临潼路交叉处的无线电研究所正式上班。在这里，他以坚实的基础、严谨的科学态度、熟练的技术水平，取得了可观的技术成果：黄纬禄与研究所的同仁们共同设计完成了五、六、七、八、九管的收音机样机；他设计的穿环绕线机，显著地提高了手工穿环的工作效率；他首先提出并通过实践验证切实可行的"两报叠传"技术，实现了在一个信道同时进行多路通信。这一技术后来被应用在解放军的短波单边带电台中，被定为双路移频印字电报发送标准。

1950年，黄纬禄的论文《两报叠传新制双工发报机制度》发表在《电信建设》杂志上。黄纬禄的科技研究成果不断涌现，科学强国的梦想化为了他忘我工作的实际行动。

1956年年初的一天，在钱学森做的一场报告会上，当黄纬禄听到钱学森建议中国发展自己的导弹事业时，心里怦然而动：我们中国要是能造出这些

"庞然大物"来，国家的腰杆就硬了，说话的分量就重了。到那时，就能打破敌对国家对我们进行的核讹诈了。如果自己能亲身参与导弹研制，将是一件多么有意义、多么具有挑战性、多么值得骄傲的事啊！这次报告会令黄纬禄在心底燃起了无限的期望……

1957年，黄纬禄和战友们以"上不告父母、下不告妻儿"的铁律，走进刚刚成立一年的中国导弹研制机构——国防部第五研究院，黄纬禄终于实现了直接加入尖端武器研制队伍的愿望。从此，黄纬禄以他高度的爱国、报国之心，投入到他为之终生奋斗的导弹事业中，投入到实现强国之梦的伟大事业中！

中国导弹的研制是从仿制开始的。正当仿制工作进入关键时刻，苏联单方面撕毁协议，撤走了全部专家，中国的导弹科研工作面临无法想象的困难。黄纬禄和他的战友们下定决心，一定要搞出自己的"争气弹"！

作为研制控制系统的第一技术负责人，为了不辜负党和人民的最大信任，为了早日吃透并仿制出导弹的控制系统，黄纬禄凭借仅有的技术资料，加班加点、夜以继日地拼命学习。人们也不再有严格的上下班概念，办公室里经常彻夜灯火通明。为了能尽快消化并掌握有关资料，大家通宵达旦、分秒必争地边干边学，互教互学。

黄纬禄大胆假设、小心求证，连续攻克了导弹飞行中弹体弹性振动等系列技术难关，参与了我国"八年四弹"等重大规划的制定，为我国导弹事业的创建和发展做出了重要贡献。

在我国涉及导弹与火箭技术众多学科和技术领域都还处于空白的状态下，他主持突破了我国液体战略导弹控制系统的仿制关、自行设计关，相继解决了远程和多级导弹的液体晃动、级间分离及各种制导、稳定方案的理论和工程技术问题，使我国液体战略导弹控制技术提高到了一个新的水平。

1960年，中国第一枚导弹——"东风一号"发射成功，实现了我国

科学家精神 爱国篇

军事装备史上导弹从无到有的重大突破！1964年，"东风二号"取得圆满成功，翻开了我国导弹发展史上自主研制的新一页！1966年，中国在本土成功地进行了导弹核武器试验。"东风二号甲"导弹成功发射，飞行正常，它运载的核弹头在预定地点精确地命中目标，实现了核爆炸。黄纬禄和战友们发扬自力更生和勇于攀登的精神，让中国导弹事业取得了巨大进步。

黄纬禄的生命与强大祖国国防的崇高责任感紧紧地联系在了一起，他"矢志报国、敢为人先、大力协同、严己宽人、诲人不倦、默默奉献"的精神将光耀后人！

（摘编自《雷震海天——导弹总体与控制技术专家黄纬禄》，中国航天科工集团第二研究院科技委，中国宇航出版社，2009年。由郝迎聪整理）

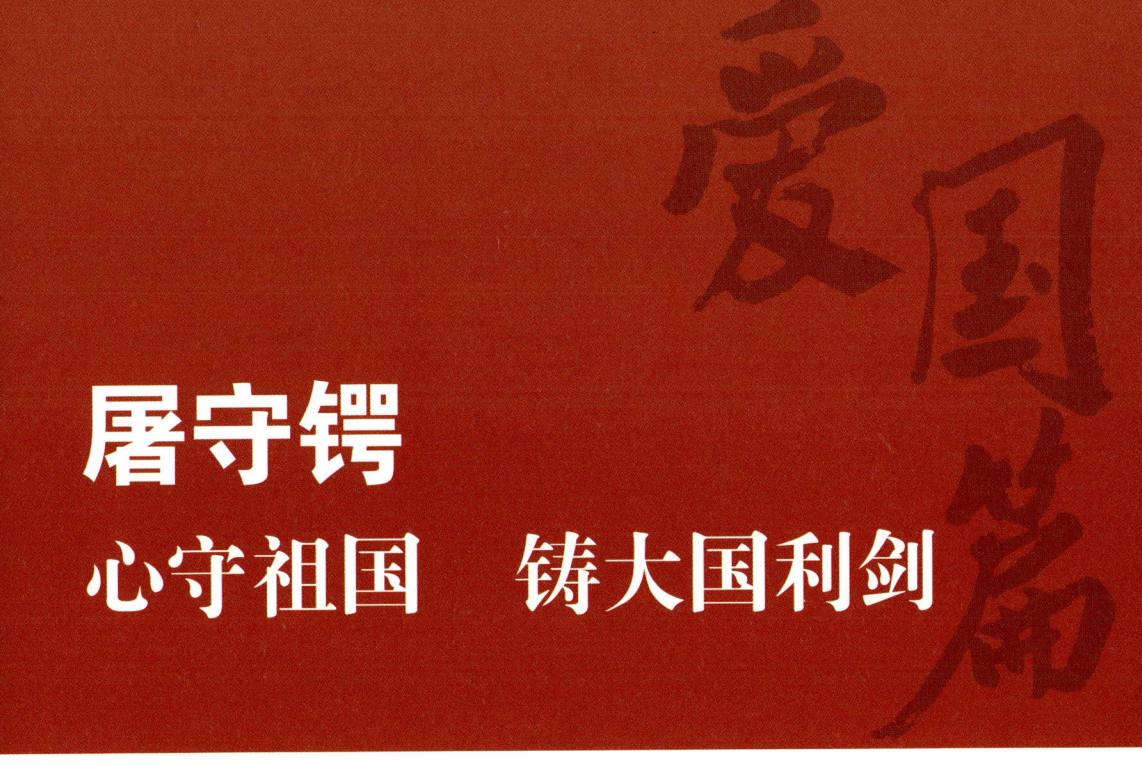

屠守锷
心守祖国　铸大国利剑

屠守锷（1917年12月—2012年12月），火箭总体设计专家，中国科学院院士，先后担任中国近程、中程导弹的副总设计师，远程导弹和长征二号运载火箭的总设计师。主持解决了若干重要型号特别是远程运载火箭、长征二号运载火箭和长征二号捆绑式运载火箭中一系列关键技术问题，并参与了我国火箭技术发展重大战略问题的决策，从技术上主持制定了中国运载工具的研究发展规划，为我国航天事业做出了杰出贡献。1985年获国家科学技术进步奖特等奖。1999年被授予"两弹一星"功勋奖章。入选"庆祝中华人民共和国成立70周年大型成就展"1970—1979年英雄模范人物。

1980年5月18日，屠守锷迎来了自己航天生涯中最重要的日子。这一天，作为中国第一枚远程导弹的总设计师，他在"可以发射"的鉴定书上签下了自己的名字。签字的时候，他看上去非常平静，就像是任何一次普普通通的签名一样。然而，当导弹准确命中万里之外目标的消息传来，原本内向的屠守锷却再也抑制不住内心的激动，双手捂着眼睛像孩子般地哭了，继而又开心地笑了！

这一哭一笑，是20多年刻苦钻研、艰辛奋斗、忍辱负重后，各种情感凝聚在一起后的宣泄和释放，是多年执着追求得到回报后的大喜悦，是少年梦想得以实现后的大欢乐。只有对屠守锷有着深刻了解的人，才能体味蕴藏在这一哭一笑之中的深刻情感……

少时立下报国志

1917年12月5日，屠守锷出生在浙江南浔一个并不富裕的小职员家庭。虽说家境不富，但屠守锷的父亲还是希望子女能受到良好的教育。少年屠守锷在家乡上了小学，后来又进入浙江省立第二中学和江苏省立上海中学就读。曾在上海亲历的惨绝人寰的一幕，奠定了屠守锷一生追求的基调。

那天清晨，父亲携屠守锷从上海回南浔老家过春节。走到半路，突然天空中出现了几十架日本轰炸机，一架接一架地向地面俯冲下来。父亲意识到大事不好，拉着小守锷往轮船码头疾跑。炸弹像雨点般地落下来，繁华喧闹的大上海，瞬时间房倒屋塌、血肉横飞！面对劫难后的满目疮痍，少年屠守锷立下了自己的终生志愿：一定要亲手造出我们自己的飞机，赶走侵略者，为死难的同胞报仇！

抱着航空救国的决心，屠守锷发愤读书。1936年，屠守锷考取清华大学机械系。清华设立航空系后，他毫不犹豫地转到了航空系。1940年，屠守锷从清华大学航空系毕业，次年又以优异成绩取得公费留美资格，进入美国麻省理工学院攻读硕士学位。

屠守锷无暇欣赏美丽的异国风情，全神贯注于自己的学业。两年后，

屠守锷　心守祖国　铸大国利剑

他取得了科学硕士学位。随后，他应聘成为布法罗寇蒂斯飞机制造厂的一名工程师，负责飞机强度分析。

工作和生活条件都是简陋的，但这并未影响屠守锷的工作热情，因为他知道，这是一个宝贵的实践机会。要想造出中国自己的飞机，光有理论知识是不够的，还必须有实际的经验，而从事这份工作，正是自己长本事的良机。他整日伏案工作，如饥似渴地学习所能接触到的技术。

患难中的祖国和亲人时时牵着屠守锷这位海外游子的心。1945年，抗日战争胜利了，屠守锷归心似箭。他辞去了工作，从东部的布法罗横穿北美大陆，历时40余天，到达西海岸的旧金山。没有客轮，他便搭乘开往青岛的运兵船，回到了祖国。

然而，国民党政府根本无意兴办民族航空工业，失望至极的屠守锷只好把希望寄托在培养下一代航空人才上。他在西南联合大学开设了航空专业课程。1947年，屠守锷到清华大学航空系任教，开始与进步人士接触。就在这个时候，他了解了中国共产党和共产主义思想，亲身的经历和眼前的现实使他认识到：只有中国共产党，才能领导中国走向光明；只有在共产党的领导下，自己的强国梦才能实现。

此后，无论是在清华大学航空系任教，还是在北京航空学院（现北京航空航天大学）任副教务长、系主任和院长助理，他都对共和国的航空事业倾注了极大热情。1957年2月，正当壮年的屠守锷应聂荣臻元帅之邀，跨进了国防部第五研究院的大门。

从此,他的命运便与中国航天紧紧联系在了一起。

长空舞剑拓天荒

屠守锷信心百倍地走上了自己的新岗位,成为钱学森院长领导下的十大研究室主任之一,负责导弹的结构强度和环境条件的研究。没有资料,没有图纸,他和众多专家一起,既当研究人员,又当学生,在极为有限的条件下,搜集资料,摸索实践。

1957年9月,屠守锷作为聂荣臻元帅率领的中国政府代表团的顾问,参加了与苏联的谈判,促成了我国第一次也是唯一一次导弹技术的引进,而后,他便和战友们开始了中国第一枚导弹的仿制工作。在从仿制到独立研制的艰难历程中,在研制第一枚地空导弹和地地导弹的过程中,他成了导弹设计研制的行家里手。1961年,在苏联撤走专家的困境下,屠守锷走马上任国防部第五研究院一分院副院长,全面主持技术工作。面对阻力,他只平静地说了一句:"人家能做到的,不信我们做不到。"

屠守锷是一个不信邪的人。他和同事们广泛听取意见,深入科研生产一线,潜心研究,制定了《地地导弹发展规划(1965—1972)》(即"八年四弹"规划),还参与制定出其技术发展方向,主持选定了我国中程、中远程及远程导弹等重大技术方案和技术途径。这个规划经周恩来总理主持召开的中央专委会会议批准实施后,对我国导弹与火箭技术的发展起了非常重要的作用。

1962年3月,我国自行设计的第一枚中近程导弹在首飞试验中坠毁,痛苦与失望笼罩在科技人员的心头。屠守锷临危受命,指导设计人员,开展了全面系统的研究。两年含辛茹苦的研究终于换来了丰硕成果:修改设计后,从1964年6月开始,这种中近程导弹连续8次飞行试验都取得成功。比这种型号成功更重要的是，在一系列的摸索、总结、攻关的过程中，我国第一代导弹技术专家成长了起来。他们掌握了导弹研制的重要技术和基本规律，为以后各种型号导弹的研制成功奠定了基础，并直接为我国1966年10月进行的导弹、原子弹"两弹结合"试验的圆满成功做出了贡献。

1965年3月，由周恩来总理主持的中央专委会会议做出一项重大决定：尽快把我国的首枚远程导弹搞出来，并由屠守锷担任总设计师。此番他担任的总设计师角色，按钱学森的说法，既是技术总负责人，又是指导日常设计工作和最后拍板的技术决策人。屠守锷深知自己肩上这副担子的分量，而且留给他的时间又那么紧：1971年试飞，1973年定型。

如果能有一个正常的科研环境，凭着屠守锷和全体研究人员的才能与学识，按时完成任务应该是没有问题的。但是，偏偏在这时，"文化大革命"的发生使屠守锷的科研工作遇到了困难。

屠守锷并不受外界影响，而是埋头于研究资料、图纸和各种数据，座谈、讨论、论证、实验，听取专家意见，提出新的设想。他大胆革新，勇于探索，在制导技术、推进技术、结构材料、发射试验等方面寻找到了新的突破口。他的工作以不可思议的速度进展着。有人曾看到，某次群众大会上，别人慷慨陈词，屠守锷却凝神屏气，笔走龙蛇，旁若无人地演算公式。1968年，屠守锷和同事们终于拿出了远程导弹的初步设计方案。

随着方案的确定，发动机、箱体、地面设备等的研制工作全面铺开。那段时间，规章制度被说成是修正主义的"管、卡、压"并受到批判，许多情况下都是凭良心办事。为了保证型号质量的可靠，在为期100天的总装测试中，年过半百的屠守锷始终坚持在一线，一刻也没离开过。当屠守锷认为导弹可以出厂运往发射场试飞时，却产生了不同意见。

问题很快提交到周恩来总理那里。周总理听完介绍，问："屠总，你认为这枚导弹可以发射吗？"

屠守锷毫不迟疑地回答："该做的工作我们都做了，目前它的性能状态是良好的。我们认为，这枚作为首发试验的导弹，应该得到最好的考验，以便通过飞行试验，进一步检验我们的方案，从中找出不足。"

关键时刻，又是周总理支持了屠守锷。1971年7月，导弹被运往发射场。为了掌握情况，总理要求每天向他汇报一次导弹的状况。9月8日，屠守锷专程回京，向总理作汇报。那天中午，总理特地备了几样菜，与屠守锷等共进午餐。周恩来总理的关怀，给了屠守锷无穷的力量和信心。9月10日，从酒泉发射场传来喜讯：我国自行研制的首枚远程导弹半程飞行试验获得成功！但屠守锷明白，远程导弹要投入使用，必须经过全程飞行的考验。然而在政治风波的干扰下，这次试验被搁置了整整9年。1980年5月9日，新华社向全世界发出公告：中华人民共和国将于1980年5月12日至6月10日，由中国本土向太平洋南纬7度零分、东经171度33分为中心，半径70海里圆形海域范围内的公海上，进行发射运载火箭试验。

全世界都把关注的目光投向了中国。屠守锷一生中经历过许多次发射试验，但没有哪一次像这次这样举世瞩目。这是一次迟到的试验。这又是一次特殊的试验，中国刚刚迎来改革开放的春天，如果试验成功，无疑会为这个春天锦上添花。作为这枚导弹总设计师的屠守锷，虽然并不为局外人所知，自己却感到了前所未有的压力。

1980年早春，屠守锷和运载火箭技术研究院院长张镰斧——一位在上甘岭战役中立过赫赫战功的英雄团长一起，率领试验队进入了依然寒气逼人的茫茫戈壁。戈壁滩的天气就像小孩子的脸，说变就变，刚刚还是阳光明媚，转眼就可能飞沙走石。屠守锷身穿工作服，在火箭测试阵地与发射阵地之间穿梭往来，鼻孔、耳朵、衣服里常常灌满了沙土。他常常一干就是20多个小时，困了在木板床上打个盹儿，然后又奔赴现场。

要确保发射成功，远程导弹身上数以十万计的零部件，必须全部处于良好的工作状态。在那复杂如人体毛细血管的线路管道上，哪怕有一个接触点有毛病，都可能造成发射失败。尽管有严格的岗位责任制，尽管发射队员个个都是精兵强将，但在屠守锷带着大家所进行的几十次眼看手摸、仪器测试中，还是查出了几根多余的铜丝。多悬呀！屠守锷肩上的担子实在太重了。短短几个月，他浑圆的脸瘦了一圈，乌黑的头发也白了几许。

  导弹在发射塔上矗立起来了。在签字发射之前，屠守锷整整两天两夜没有合眼。仰望数十米高的塔身，他想上去做最后的检查。张镰斧院长考虑到屠守锷的身体，要抢着上塔，但屠守锷说什么也不干。年过花甲的屠守锷不顾连日劳累，一鼓作气，爬上了发射架。

  当导弹伴着惊天动地的巨响，穿过云端，越过赤道，准确命中万里之外的目标，发射获得圆满成功时，屠守锷终于按捺不住自己澎湃的心情，所有的压力一下释放出来，他流下了激动的泪水，露出了开心的笑容！

（摘编自《屠守锷：长空舞剑拓天荒》，杨建，原载于《解放军报》，2013年3月28日。由郝迎聪整理）

吴自良
国家的需要
就是我的研究方向

> 吴自良（1917年12月—2008年5月），物理冶金学家，中国科学院院士。20世纪50年代，从事苏联低合金钢40X代用品的研究，对建立我国低合金钢系统有示范作用。20世纪60年代，领导并完成了铀同位素分离用"甲种分离膜"的研制任务，为打破超级大国的核垄断做出贡献。1988年转向研究高温超导体YBCO中的氧扩散机制，求得了精确的氧扩散率和扩散激活能，在磁控溅射c取向薄膜中，发现膜的增氧速度，端赖于垂直c–轴单晶的位错管道所提供的快速氧输运过程。1984年获国家发明奖一等奖和国家科学技术进步奖特等奖。1999年被授予"两弹一星"功勋奖章。入选"庆祝中华人民共和国成立70周年大型成就展"1970—1979年英雄模范人物。

1964年10月16日，伴随着一声巨响，一朵"蘑菇云"从中国新疆罗布泊上空腾起。这声巨响，是让世界震惊的中国"礼炮"，不仅向世界宣告了中国第一颗原子弹爆炸成功,也标志着中国从此打破了外国的核垄断。"两弹一星"功勋奖章获得者吴自良主持研制的"甲种分离膜"是原子弹的核心技术之一,为原子弹的爆炸成功做出了突出贡献。

为了祖国的繁荣富强而读书

1917年12月25日,吴自良出生于浙江省浦江县的一个知识分子家庭,父亲是前清秀才,后做过律师。他在家中排行第七,年龄最小。吴自良自幼在家读私塾,从小就显露出超常的聪慧,他母亲便集中家里的财力供他读书。1926年,吴自良进入了全县最好的浦阳小学。1929年毕业后,他考上了浙江省立第一中学读初中,当时他从县城考进省城时,学习成绩排倒数第2名,但一学期后,他的成绩升至正数第2名。1932年,他考入了浙江省立杭州高级中学。在中学时养成的良好学习习惯为他以后的治学和科学研究打下了基础。

1935年,吴自良以优异的成绩考入国立北洋工学院矿冶系,一年后在"航空救国"的热潮中,他凭借优异的成绩转入了刚刚开设的航空机械系。1937年,抗日战争爆发,国立北洋工学院与国立北平大学等院校组成了西安临时大学,学校迁至西安;1938年,国立北洋工学

科学家精神 爱国篇

院又与国立东北大学工学院等院校组成了国立西北工学院，学校迁到了陕西省城固县西北10余里的一个小山村——古路坝。当时教室设在祠堂里，用木板充当黑板。吴自良回忆："当时校舍比较差，但教师教课非常好，学生学习很用功。"就是在这样的艰苦环境下，他读完了大学。

1939年大学毕业后，他到云南垒允中央飞机制造厂任设计员。因为那个工厂许多工程师都是美国人，所以他不仅学到了有关飞机制造的知识，还锻炼了英语口语。1942年，该中央飞机制造厂遭日机轰炸，吴自良随工厂撤到昆明，进入中央机械厂任副工程师。但国民党当局通知他，要想重操旧业，必须加入国民党。吴自良不愿加入国民党。当时的国民党航空委员会就以"逾期不报到"为由将他除名，并表明对他"永不录用"。

1943年，吴自良计划自费赴美国留学，打算到麻省理工学院航空系学习。然而国民党航空委员会对他"永不录用"后，他只好改行。吴自良经他原来所在的中央机械厂厂长的推荐，以助教的名义经印度来到了美国匹兹堡卡内基理工学院（现卡内基梅隆大学）攻读物理冶金专业研究生，师从X射线晶体学家、物理冶金学家巴瑞特教授和物理学家斯莫洛柯夫斯基教授。1948年，以优异的成绩博士毕业后，他留在了该校金属研究所做博士后；1949年应聘到美国锡拉丘兹大学材料系任研究工程师，主持美国国防部的重要科研项目"软钢中阻尼和疲劳"的研究。

1945年，美国爆炸了世界上第一颗原子弹，小小的原子弹形成了巨大的冲击波。正在求学的吴自良开始还不知道原子弹是怎么回事，听了几次报告后，他知道了一个大概。当时的他不会想到若干年后会有机会参与祖国的核武器研制工作。在美国时，有一件事情给吴自良的震动很大。当时美国上层社会的人都穿质地较好的衣服，他到当地一个高档的服装店去买衣服，而店员却问他："你是不是洗衣店的员工来收衣服的？"祖国贫穷，海外的游子再成功也被人看不起！联想到许多在美的中国留学生怕被歧视而谎称自己是日本人的情况，吴自良更坚定了以所学知识报效祖国、使祖国富强起来的决心。

1949年10月，新中国成立的消息传到了美国，吴自良激动万分。他毅然放弃了在美国拥有的优越生活条件和前途无限的工作，立即着手回国投身新中国的建设。1950年冬，吴自良突破种种阻挠，以华侨的身份取道日本和中国香港，于1951年年初终于回到了阔别7年的祖国。

回国后，吴自良先到北方交通大学唐山工学院（西南交通大学前身）冶金系任教授。1951年夏，他应聘为中国科学院工学实验馆研究员，主持物理冶金方面的研究工作。在新中国的崭新天地中，吴自良开始了他一生为祖国而不懈耕耘的奋斗历程。

为国防建设事业奉献一生

回国初期，吴自良的主要研究志趣在于运用在美国学到的先进知识在世界物理冶金学科领域为中国争得一席之地。但当时的中国百废待兴、科技落后，经济建设和国防建设中有大量材料学科方面的问题亟待解决。吴自良毅然放弃了个人志趣，他说："国家的需要就是我的研究方向。"

1953年7月，在"抗美援朝"战争中，前线急需一种"特种合金电阻丝"，中央军委通过上海市委下达命令，限期半个月内完成。上海冶金研究所承担了这项任务。吴自良二话没说，带领科技人员刻苦攻关，如期完成了任务，获得了表彰。

20世纪50年代中期，面对美、苏等国家的核垄断，中国也开始对原子弹技术进行研究。众所周知，铀235是最重要的核燃料，在热中子的照射下会发生核裂变，并通过连锁反应放出大量核能。但在天然铀中，铀235只占0.7%，其他都是铀238。而铀238不但本身不发生核裂变，还要吸收热中子，妨碍铀235连锁反应的实现。所以要研制原子弹首先是要得到浓缩的铀 235。但二者的原子量差别很小，只差 1.3%，所以把铀 235 和铀 238 这对"双胞胎"分开，关键是制造出分离膜。美、苏、英三国均把分离膜列为国家绝密，苏联称之为"社会主义阵营安全的心脏"。

1960 年，中苏关系恶化，苏联撤走了专家，也带走了绝密级别的分离元件技术资料。时任二机部副部长兼原子能所所长的钱三强曾说："有人扬言，没有外援，中国的浓缩铀工厂将成为一堆废铜烂铁，更不用说造原子弹了。这其中的关键技术是制造用来分离铀 235 的分离膜。"

"甲种分离膜"对外称"真空阀门"项目。包括上海冶金研究所、沈阳金属所、复旦大学和二机部原子能研究所在内的 4 家单位开展了研究工作。但当时因为力量分散、工作重复、交流不便而妨碍了研制的进度。周恩来总理及时做出了决定：要不惜一切代价，在五六年内攻克这一"心脏"，并将任务交给了上海市和中国科学院。中国科学院将该研制任务集中下达到上海冶金所，通知其他分离膜研究小组携带设备于 1961 年春节后到上海冶金所报到。于是，60 多名专家在上海冶金所组成了第 10 研究室，对外称"7 支部"。时任上海冶金所副所长的吴自良任室主任、技术总负责人。7 支部下设 3 个组，各个组分工合作，联合攻关。

想到当年美国原子弹爆炸成功引起的轰动，现在有机会为制造自己国家的核燃料和原子弹出力，吴自良感到无上光荣。他放下筹备已久的研究项目，全身心投入到会战之中。3 年多的时间里，他大部分时间都待在实验室中，每天检查各组的进展，随时解决各种问题。那时，他每天工作 10 多个小时，过年过节也不休息。当时正值国家困难时期，吴自良和同志们一道住集体宿舍，吃大食堂，几天难见"荤腥"。1963 年，刘少奇、周恩来等国家领导人特地到上海来听冶金所的工作报告。二机部则经常派人来查看工作进展。1963 年年底，上海冶金研究所正式报告："心脏"被攻克，能在中等规模的工厂批量生产；元件性能良好，超过了苏联的元件；造价仅为原来估算的黄金价格的1%。

　　就这样，中国科学家仅用了3年多的时间就攻下了这一世界性技术难题，使中国成为世界上第4个独立掌握浓缩铀生产技术的国家。

　　1964年10月16日，我国第一颗原子弹爆炸成功，举国欢腾。已着手新研究的吴自良从报纸上获悉了这一消息，激动万分。那远方传来的"礼炮"声中，有全体中国人的自豪，也饱含着科学家对祖国的深厚情感！

　　在研究所，吴自良的一句话广为流传："我们搞国防的要有'竖着进去横着出来'的决心，把一生都贡献给国防建设事业！"他对祖国的真挚情感在这句话中表露得淋漓尽致。

　　（摘编自《为了那惊世的"礼炮"——记我校著名校友"两弹一星"功勋吴自良》，李丹、王聪彬，原载于《天津大学报》，2008年6月12日。由刘英整理）

钱 骥
愿为祖国负重疾驰

钱骥（1917年12月—1983年8月），空间技术和空间物理专家。领导卫星总体、结构、天线、环境模拟理论研究，参与制定星际航行发展规划，提出多项有关开展人造卫星研制的新技术预研课题，为我国空间技术早期的发展做了很多开拓性工作。组织编写《我国卫星系列发展规划纲要设想》，组织并提出预研课题，为人造卫星研制打下了初步的技术基础。负责组建卫星总体设计机构，是我国第一颗人造地球卫星"东方红一号"的方案总体负责人。1964年获国家科学技术进步奖二等奖。1985年获国家科学技术进步奖特等奖。1999年被追授"两弹一星"功勋奖章。入选"庆祝中华人民共和国成立70周年大型成就展"1970—1979年英雄模范人物。

2016年4月24日，国务院决定，自2016年起，将每年的4月24日设立为"中国航天日"。因为1970年的这一天，中国自行设计、自行研制的第一颗人造地球卫星"东方红一号"发射成功,这是中国航天航空事业发展历史上的一个重要里程碑。作为中国第一颗人造地球卫星"东方红一号"方案的总体负责人,钱骥为我国人造卫星事业做出了巨大贡献。

逆境中艰辛求学

1917年,钱骥出生在江苏省金坛县(现江苏省常州市金坛区)一位普通小职员的家庭。"骥"是千里马的意思。钱骥父母的心愿是:儿子长大像千里马一样,志在四方。儿时的钱骥没有享受到多少童年的幸福。因为操劳过度,钱骥的父亲过早地离开了人世,七口之家的生活重担全落在了母亲肩上。母亲深明大义,按照自己和丈夫的想法,生活再苦再难也要让孩子们有文化。

钱骥1930年考入江苏省立中学,家里卖了几亩地才凑够了钱骥的学费。但是第二年发生了"九一八事变",学校被迫停课。等学校再开学时,虽然学校因为钱骥成绩优秀免了他的学费,但是他家连食宿费用也无力承担。钱骥无奈只能从省立中学转到金坛县立初级中学读初中。穷人的孩子早当家,初中毕业后钱骥暂时放弃了升学的想法,开始做小学教师。也就在这时,钱骥参加了中国共产党的外围组织,后来也因此丢掉了教师这个难得的职位。

1938年,日本侵略者的战火烧到了上海,敌机的狂轰滥炸、同学的无辜惨死,深深地刺痛了钱骥的心。他真切地体会到手无寸铁的中国老百姓深重的苦难。弱肉强食、列强侵略、国家破碎、人民遭殃的残酷现实,使钱骥明白了科学救国、工业救国的重要意义。所以他立志要实现科学救国的远大目标。

后来,钱骥又得到了重新求学的机会。但他明白,以他的家庭状况,上高中和大学的学费简直就是天文数字,更不要说将来出国留学了。于是他考进了免学费和食宿费的师范学校。钱骥在学校的成绩一直都是甲等。从师范学校毕业后,钱骥又考入了国立中央大学。1943年,钱骥毕业于国立中央大学理化专业,随后留校做起了助教。1947年,受聘为中央气象研究所助理研究员,协助赵九章先生开创地球物理研究。为提高中国气象观测质量,钱骥提出应建立规范,进行定期仪器标定,研究制造适合中国国情的气象仪器,这些工作为我国的气象发展打下了基础。

毅然投身新中国

新中国成立前夕,国民党政府下令中央研究院所属研究所的全体人员将仪器、设备、全部资料等立即整理好,准备搬迁。但钱骥冒着生命危险和赵九章所长一起,毅然拒绝了南迁的要求,决心留在大陆,为即将成立的新中国服务。他们也保护了当时中国气象研究所最先进的仪器、设备和资料,同时也保住了包括科学家在内的整个科研系统。新中国成立后,钱骥他们保护下来的研究所被并入中国科学院。

钱骥是中国地球物理学科的主要创业者之一。1950年,与赵九章等18人共同创建了中国科学院地球物理研究所。钱骥早期曾研究地磁和地震波,协助李善邦进行地震台站网布局规划,后担任地球物理研究所二部(空间中心前身)卫星设计院业务负责人。1951年,钱骥光荣地加入了中国共产党。从此,他对自己的要求更高了,时时处处以一个共产党员的标准严格要求自己,努力做一名优秀的共产党员。

唱响苍穹"东方红"

1957年,苏联发射了第一颗人造地球卫星,这个消息震惊了全世界,也让钱骥等一批科学家深受震动。他们明显地预感到空间科学是有着巨大潜力的发展领域,不过,那时候中国国内没有人研究这个领域。在这样的情况下，钱骥主动找领导谈话，明确表示了自己愿意放弃从事多年的地球物理专业，转入人造卫星事业。

从20世纪50年代后期开始，钱骥全身心投入中国空间科学事业的创建工作。1957年国际地球物理年期间，他开拓空间物理学新领域，认为人造卫星上天是空间探测的新里程碑。他协助赵九章对空间科学进行调查研究，收集国外信息。鉴于人造卫星在国防建设和经济建设方面的重要意义，他积极倡导发展中国自己的卫星，负责组建空间物理探测机构，负责卫星研制的各项准备工作。

为了探索发展中国空间技术的途径，1958年，钱骥参加中国科学院高空大气物理代表团赴苏联考察。

虽然经过了两个多月的访问与参观，但是代表团根本没有学到苏联研制卫星的技术与经验，还是空手而归。"学别人的难，还不如靠自己！"钱骥深深明白这一点。于是，回国后，他与赵九章、卫一清研究空间探测的思路，提出发展我国空间技术的5条意见："以火箭探测练兵，高空物理探测打基础，不断探索卫星发展方向，筹建空间环境模拟实验室，研究地面跟踪接收设备。"为人造卫星做准备。

20世纪50年代末，钱骥协助赵九章领导地球物理所二部工作，着手落实探空火箭研制工作。1960年他直接领导总体组，主持并成功研制了箭头总体、遥测、雷达跟踪、天线、电源和环境模拟及探空火箭箭头等探空技术和探测仪器，多次探测试验成功。

火箭测高空风，是导弹武器、核爆炸试验急需的项目。1963年，在钱骥领导下，液体火箭将镀锌玻璃丝和铜丝抛入空间，成功地测得高空风。通过S波段雷达反射，跟踪金属丝云的飘移轨迹，从测量的坐标、速度、加速度及方位，可计算出高空风速、风向，为卫星发射提供了重要的理论基础。

1965年5月，在国际卫星系列规划会议上，钱骥报告了《发展侦察卫星的设想》。同年9月，中国科学院正式组建卫星设计院，即"651"设计院，任命赵九章为院长，钱骥为技术负责人，主要技术力量为地球物理研究所二部第一研究室和中国科学院力学所。在赵九章和钱骥等的主持下，全面开展"东方红一号"卫星的方案设计，拟定各分系统的设计指标，组织协调分系统的设计和研制，安排落实了近200个预研和试制项目，组织了卫星研制全国协作网。同年10月至11月，在第一颗人造卫星方案论证会上，钱骥又报告了《关于我国第一颗人造卫星的总体设计方案初步意见》，就卫星系统方案、目的任务做了详细的说明。

钱骥向周总理汇报方案，当周总理知道钱骥姓钱时，风趣地说："我们的卫星设计师也是姓钱啊，我们搞尖端的，原子弹、导弹和卫星都离不开'钱'啊！"总理的平易近人、风趣幽默，顿时打消了钱骥汇报时的紧张情绪，并胸有成竹地对总理说："我们一定能够实现这一计划！"事实证明，我们后来"两弹一星"辉煌成就的取得，3位钱氏科学家，即钱学森、钱三强、钱骥，在这一事业中有着无可替代的特殊作用和贡献。

1970年4月24日是中国人民应该永远铭记的日子，21时35分，我国自行设计、自行研制的第一颗人造地球卫星"东方红一号"在酒泉发射，21时48分卫星进入预定轨道，发射成功了！中国成为继苏联、美国、法国、日本之后世界上第5个用自制火箭发射国产卫星的国家，从此宇宙空间有了中国人的声音！

1999年，中共中央、国务院、中央军委授予钱骥和另外22位为我国原子弹、导弹和人造卫星事业做出突出贡献的科技专家"两弹一星"功勋奖章。

正如他的名字，钱骥是我国人造卫星事业的"千里马"，为了祖国的高科技事业他呕心沥血、不图名利、无私奉献，展现出崇高的爱国精神！

（摘编自《"两弹一星"元勋钱骥：心怀飞天梦 卫星伴此生》，董保存、王锐涛，原载于央广网，2019年8月10日。由魏宗梅整理）

程开甲
半生埋名　为国铸盾

> 程开甲（1918年8月—2018年11月），物理学家，中国科学院院士。中国核武器研究的开创者之一，在核武器的研制和试验中做出突出贡献。开创、规划领导了抗辐射加固技术新领域研究。是我国定向能高功率微波研究新领域的开创者之一。出版了我国第一本固体物理学专著，提出了普遍的热力学内耗理论，导出了狄拉克方程，提出并发展了超导电双带理论和凝聚态 TFDC 电子理论。1985 年获国家科学技术进步奖特等奖，1999 年被授予"两弹一星"功勋奖章。2013 年获国家最高科学技术奖。2019 年获"人民科学家"国家荣誉称号。入选"庆祝中华人民共和国成立 70 周年大型成就展"1970—1979 年英雄模范人物。

1964 年 10 月 16 日，伴随着一声惊天巨响，原子核裂变的巨大火球和"蘑菇云"在戈壁荒漠腾空而起，我国自主研制的第一颗原子弹爆炸成功。

半个世纪的隐姓埋名，半个世纪在神秘领域的坚守，他说："我这辈子最大的幸福，就是自己所做的一切，都和祖国紧紧地联系在一起。"他就是"两弹一星"功勋奖章获得者程开甲。

立志"科学救国"

1918年8月3日，程开甲出生于江苏吴江盛泽镇一个富商家庭。祖父程敬斋是远近闻名的成功商人。"开甲"这个名字就是祖父特意为他起的。祖父希望他将来考取功名，"开"就是开转；"甲"就是第一名。

可祖父没等到这一天。祖父去世后第二天，程开甲出生了。7岁时，父亲病故，生母在程家成了多余的人，两年后终于离家出走。家庭的重大变故，让少年程开甲的性格变得叛逆，像野马一样难以管教。上小学二年级时，因为不好好学习，他竟然留级3年，得了一个外号"年年老板"。12岁时，程开甲拿了家里的钱跑到上海，花个精光后露宿街头，被家人找回后痛打了一顿。这破天荒的一顿痛打惊醒了梦中人，从此，程开甲开始发奋读书。

1931年，程开甲考入离家20多公里的浙江嘉兴秀州中学。这所中学，后来培育出了10位院士级的科学家，陈省身、李政道都毕业于此。在秀州中学，程开甲看了大量的人物传记，包括爱因斯坦、牛顿、居里夫人、伽利略等。"这些书让我增强了责任感和使命感。这些科学家追求真理、热爱祖国的精神，深深地感动了我，教育了我，对我的人生起了重要的作用。"他说。

数学老师姚广钧十分重视对学生数学技能的记忆训练。在姚老师的指导和训练下，程开甲能将圆周率轻松自如地背诵到小数点后60位数，能将1到100的平方表倒背如流。这些训练对他在日后科研中推导和演算数据起了很重要的作用。

1937年，程开甲以优异成绩考取浙江大学物理系"公费生"。程开甲所读的物理系是浙江大学的一支"王牌军",在这里他幸运地遇上了对他影响很大的束星北、王淦昌、陈建功、苏步青等大师。为他日后留学和科研奠定了基础。

大三时,程开甲听陈建功教授的复变函数论课后,敢于挑战难题,撰写了题为《根据黎曼基本定理推导保角变换面积的极小值》的论文,得到陈建功和苏步青赏识,并推荐给英国数学家 Tischmash 教授发表,之后文章被苏联斯米尔诺夫的《高等数学教程》全文引用。

他在浙大读书的 4 年,是中华民族最为苦难的时期,他在日记上曾留下了这样一段文字:"中国落后挨打的原因:科技落后。拯救中国的药方:科学救国。"

为此,他一直认真准备着。

1946 年,经英国著名学者李约瑟博士推荐,程开甲获得英国文化委员会奖学金,来到爱丁堡大学,成为玻恩教授的学生。

1948 年秋,程开甲获哲学博士学位,任英国皇家化学工业研究所研究员。当听到解放军击败阻挠渡江战役的英国"紫石英"号军舰时,程开甲婉谢导师和朋友好意,放弃英国皇家化工研究所研究员的优厚待遇和研究条件,于 1950 年 8 月回到浙江大学物理系。回国的行囊中,除了给夫人买的一件皮大衣外,全是固体物理、金属物理方面的书籍和资料。

"干惊天动地事、做隐姓埋名人"

1960 年夏,经钱三强亲自点将,已在南京大学做教授的程开甲被调进了我国核武器研制队伍,自此,他在学术界销声匿迹几十年。

原子弹研制初期,程开甲被任命为核武器研究所副所长,分管材料状态方程和爆轰物理研究。他第一个采用合理的 TFD 模型估算出原子弹爆炸时弹心的压力和温度,为原子弹的总体力学计算提供了依据。

程开甲　半生埋名　为国铸盾

1962年上半年，我国原子弹的研制工作闯过无数技术难关，露出了希望的曙光。中央适时做出争取在1964年、最迟在1965年上半年爆炸我国第一颗原子弹的"两年规划"。

为加快进程，钱三强等二机部领导决定，另外组织队伍，进行核试验准备和技术攻关。经钱三强推荐，1962年夏，程开甲成为我国核试验技术总负责人。虽然又一次放弃熟悉的领域去开拓全新领域，但面对国家的需要，他二话没说，接受了组织的安排。

1962年，他参加制定朱光亚主持起草的我国原子弹研制、试验等科学技术工作最早的一份纲领性文献——《第一种实验性产品的科学研究、设计、制造与试验工作计划纲要》，依据国情否定了苏联专家的空投建议，提出采用地面方式；主持制定《关于第一种试验性产品国家试验的研究工作纲要》及《急需安排的研究课题》，设计了第一颗原子弹百米高铁塔爆炸方案，确定了核爆炸可靠控制和联合测定爆炸威力的方法。1963年，他前瞻性地谋划了核武器试验研究所的性质、任务、学科、队伍、机构等。1964年10月16日，中国第一颗原子弹试验成功，1700多台（套）仪器全部拿到测试数据。据有关资料记载，法国第一次核试验没拿到任何数据，美国、英国、苏联第一次核试验只拿到很少一部分数据，而我国首次核试验中97%的测试仪器记录数据完整、准确。

此后，程开甲在核试验任务中又不断取得新突破。1966年12月，首次氢弹原理性试验成功，他提出塔基若干米半径范围地面用水泥加固，减少尘土卷入，效果很好。1967年6月，第一颗空投氢弹试验成功，他提出改变投弹飞机的飞行方向，保证了投弹飞机的安全。1969年9月，首次平洞地下核试验成功，他设计的回填堵塞方案，实现了"自封"，确保了试验工程安全。1978年10月，首次竖井地下核试验成功，他研究设计的试验方案获得成功……

从1963年第一次踏入号称"死亡之海"的罗布泊，到回北京定居，程开甲在茫茫戈壁工作生活了20多年。20多年中，作为我国核试验技术的总负责人，他成功地参与主持决策了包括我国第一颗原子弹、氢弹、两弹结合及地面、首次空投、首次地下平洞和首次竖井试验等30多次多种实验方式核试验。

20多年中，他带领团队，建立发展了我国的核爆炸理论，系统阐明了大气层核爆炸和地下核爆炸过程的物理现象及其产生、发展规律，并在历次核试验中不断验证完善，成为我国核试验总体设计、安全论证、测试诊断和效应研究的重要依据。以该理论为指导，创立了核爆炸效应的研究领域，建立完善不同方式核试验的技术路线、安全规范和技术措施；领导并推进了我国核试验体系的建立和科学发展，指导建立核试验测试诊断的基本框架，研究解决核试验的关键技术难题，满足了不断提高的核试验需求，支持了我国核武器设计改进。

程开甲说："我这辈子最大的幸福，就是自己所做的一切，都和祖国紧紧地联系在一起。"

（摘编自《程开甲的故事》，熊杏林，人民出版社，2018年；《程开甲：惊天事业 沉默人生》，熊杏林、兰宁远、宗兆盾等，原载于《科技日报》，2014年1月11日。由崔蕤整理）

师昌绪
我是中国人，中国需要我

师昌绪（1918年12月—2014年11月），金属学及材料科学专家，中国科学院院士、中国工程院院士。中国高温合金开拓者之一，研制出中国第一个铁基高温合金，领导开发我国第一代空心气冷铸造镍基高温合金涡轮叶片，可用作耐热、低温材料和无磁铁锰铝系奥氏体钢等。多次参加或主持制定我国有关冶金材料、材料科学、新材料全国科技发展规划，主持国家重点实验室、国家工程研究中心及国家重大科学工程的立项和评估工作。2010年获国家最高科学技术奖。

人们都说他是位用"特殊材料"制成的老人，他一辈子和各种各样的材料打交道，在高温合金、合金钢等领域为中国创造了多项第一。他说："作为一个中国人，就要对中国做出贡献，这是人生的第一要义。"他就是我国著名材料学家、两院院士——师昌绪。

科学家精神 爱国篇

"我终于可以回到祖国了!"

1918年12月17日,师昌绪出生在河北省徐水县城南面的大营村。到了师昌绪这一辈,师家在当地已经形成一个五世同堂、四世同居的大家庭,有40多口人,在当地远近闻名。

师昌绪的小学是分三段读完的,在乡村小学念了一年后,师昌绪转到徐水县城的模范小学,这是徐水县最好的初级小学,在那里,他读书一直很用功,考试成绩优异。三年级读完,师昌绪升入徐水县立第一高小,该校的校训是"功基养正",十分重视培养学生品性,师昌绪在这里更加勤奋,成绩一直在班里名列前茅。

从徐水县第一高小毕业后,师昌绪考入保定第二师范学校,1937年抗日战争爆发后随家人来到河南,入冀察绥平津联合中学。1941年,师昌绪报考国立西北工学院采矿冶金工程系。对于报考矿冶系,师昌绪在晚年的回忆录中说,他当时主要出于两个现实考虑:一是那时实业救国的思想根深蒂固,开矿炼钢当属首位;二是国立西北工学院矿冶系设备比较齐全,教学设备没有受到太大冲击。屡受颠沛之苦的师昌绪,非常珍惜来之不易的大学生活,每天早起晚睡,既不午休,周末也很少休息。国立西北工学院的4年生活,使师昌绪在治学上得到严格训练,加上勤奋苦读,他在历次考试中都名列第一。1945年,师昌绪由国立西北工学院采矿冶金工程系冶金组毕业,成为在战火中培养出来的青年才俊。

1948年8月,师昌绪乘坐"麦格将军号"运输舰离开上海到密苏里矿冶学院继续深造。这个来自华北的纯朴学子第一次漂洋过海,一切都异常新鲜且令人兴奋。1950年朝鲜战争爆发,1951年9月美国禁止学习理工及医学的中国留学生回国。中国留学生"有家不能归",精神备受折磨。1952年,已经获得博士学位的师昌绪在麻省理工学院从事相变与高强度钢的研究。

师昌绪　我是中国人，中国需要我

久居海外的年轻学子，对新中国无比向往，报效祖国的渴望和对故乡的思念之情愈发浓烈。滞留美国的师昌绪时刻惦记着回到祖国，经常辗转打听国内的信息。历经5年的抗争，1955年6月，师昌绪终于登上了开往中国香港的客轮，踏上了报效祖国的征程。

师昌绪说："我们这一代人在被列强欺凌的旧社会长大，留学美国后冲破一切阻碍回国，一干就是几十年，无怨无悔，就是抱着一个强国的梦想。"

潜心材料科学研究

回国后，师昌绪被分配到中国科学院金属研究所工作。当时，中国科学院的技术科学部所属有两个研究所：一个是设在沈阳的金属研究所，一个是上海的冶金陶瓷研究所。师昌绪没有在这两者之间做出选择，而是服从分配。师昌绪在后来回忆当时的情景时说："想到既然已经历尽辛苦回到祖国，就不能挑肥拣瘦，要根据国家的需要决定自己的去向！'什么地方需要我，我就到那里去！'"。就这样，1956年9月，师昌绪来到了条件艰苦的沈阳金属研究所，一待就是30年。

那时的他一心想为

科学家精神 爱国篇

国家做一些有用的工作，从1957年起便负责金属研究所"合金钢与高温合金研究与开发工作"。高温合金是当时航空、航天与原子能工业发展中必不可少的材料。师昌绪从中国既缺镍无铬，又受到资本主义国家封锁的实际出发，提出大力发展铁基高温合金和高合金钢的建议，同时提出稀土元素是中国丰产元素，也应在高温合金中得到应用。在几年的时间里，师昌绪几乎跑遍了国内的航空发动机生产厂家，帮助解决生产过程中的实际问题，被人们称为"材料医生"。

1964年秋天，一位不速之客来拜访师昌绪，来访者是我国航空设计院副总工程师荣科。"我们准备在新一代喷气式飞机发动机中使用高温铸造合金空心叶片，这叶片就仰仗你们了……"

当代航空发动机的关键部位是高温涡轮，人称"发动机的心脏"，而涡轮叶片又是关键的关键。叶片金属在长期工作中所能承受的最高温度决定着喷气发动机的功率，也决定着飞机的飞行速度和高度。因而，涡轮叶片的水平标志着一个国家航空发动机和高温合金的水平。不久前美国首次采用镍基铸造合金加工制成了空心气冷叶片，但师昌绪深知此类新技术生产难度大，安全系数不高。

对于困难，师昌绪是有充分准备的。他是研究物理冶金的，对空心叶片十分陌生。于是他请荣科及航院的科研人员一起参与研制方案的制定，使方案既汲取了国内外的有用信息，又建立在充分的科学依据之上。经过充分动员和周密安排，他把全室近100人分成合金设计、型芯材料、冶炼、铸造、分析、测试几个小组进行攻关。

空心叶片研制首先面临的技术难点就是型芯的选择。空芯的直径只有0.8~1.7毫米（±0.05毫米），长数十毫米，叶片下端还有一个拐角，其难度在于如何定位，在脱蜡以后又如何保证不变位置；在操作和浇铸过程中，还要保证型芯不能弯、不能断。所以，要求型芯材料必须具备足够的耐火度、一定的强度、较好的化学稳定性、较高的尺寸精度和表面光洁度，以及容易从叶片中脱除。师昌绪团队试了好几个方案，都没能成功，正当他们为型芯材料发愁的时候，一本国外的铸造杂志带来了启发，那本杂志上经常刊登石英管的广告，有的石英管还带有弯角，与叶片小孔上的弯角很相似，石英的熔点在 1700 摄氏度以上，软化点也很高，耐压和抗张强度较高，抗冲击折断强度很低，化学稳定性好，不与合金发生反应，并且，石英型芯的表面光洁度极高，符合制作空心叶片型芯的条件。石英的这些优势使师昌绪等人下定决心，集中精力在石英管上狠下功夫。

师昌绪没早没晚地在各个攻关组里巡视。空心叶片的研究闯过了一道道关口，他的脸庞也日渐消瘦。经过反复试验，1965 年 8 月，在简陋的铸造实验室里诞生了我国第一片 9 孔铸造空心涡轮叶片。试制成功后，攻关小组继续攻关。铸造 9 孔空心涡轮叶片的研制是一项具有开拓性的工作，为我国铸造高温合金的发展奠定了基础。它使我国涡轮叶片的发展一步迈上两个台阶：由锻造合金改为真空铸造，由实心叶片改为空心叶片。这项工作使我国成为继美国之后，世界上第二个成功采用精铸气冷涡轮叶片的国家，仅比美国晚 5 年。

高瞻远瞩的战略科学家

1983 年，一纸调令从北京飞到了沈阳。时任金属所所长的师昌绪被任命为中国科学院技术科学部主任。他不再只是一名研究材料的专家了，而是承担起管理者和决策者的角色，成为推动我国材料科学乃至整个科技事业发展的战略科学家。

1982 年，他与另外 3 位科学家一起最早提出了成立中国工程院的建议。1992 年，他又再次同几位科学家联名上书中央，阐明成立中国工程院的必要性和急迫性。1994 年中国工程院正式成立，师昌绪当选为首批院士和首届副院长，并两次主持了关系中国工程院长远发展的学部调整调研。

在担任国家自然科学基金委员会副主任时,他就我国基金制的发展提出很多具有创见的建议。他主持编写了《学科发展战略研究》,为我国基础研究的资助指明了方向。1997年,我国启动重大基础研究规划的立项工作,开始只有农业、能源、信息、资源环境与生命科学5个领域。在师昌绪等科学家的积极建议下,材料被列为重点支持领域之一,推动我国材料科学研究驶入了快车道……

师昌绪以高瞻远瞩的眼光、渊博的学识和高度的责任心,准确把握和引领了中国材料科技和整个科技事业的发展。

而对于"战略科学家"的评价,他谦逊地说:"我做这些都是从国家的需要出发,基于自己的知识、经验和预测的能力。做这些事情不能光倡导一下,要负责到底。"

"作为一个中国人,就要对中国做出贡献,这是人生的第一要义。"他最常说的这句话,虽然朴实无华,却凝聚着一位饱经沧桑的老知识分子以自己毕生的精力投身科学事业、矢志报国的赤子情怀。

(摘编自《师昌绪传》,刘深、郝红全,人民出版社,2018年;《人生如炬耀中华——记2010年国家科技大奖获得者师昌绪追求科学之路》,任生心,原载于光明网,2011年1月24日。由杨杨整理)

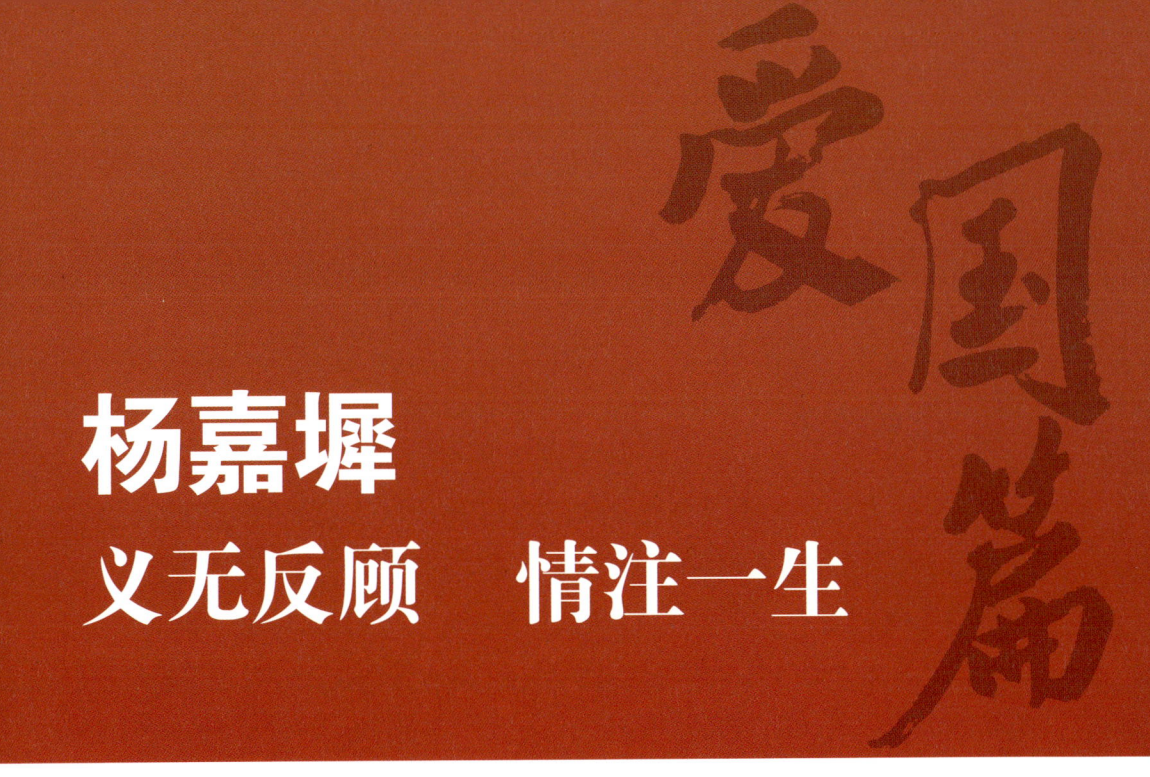

杨嘉墀
义无反顾　情注一生

杨嘉墀（1919年7月—2006年6月），空间自动控制学家，中国科学院院士。长期致力于我国科学技术和航天事业的发展，先后主持火箭和核试验用的仪器和控制系统开发工作，多次参与我国空间计划方案论证工作，主持人造卫星姿态控制系统的研究与发展，在三轴稳定的返回式卫星和科学探测卫星的发展中做出重大贡献。1986年与王大珩、王淦昌、陈芳允联合向中央提出了发展我国高技术的倡议（863计划）。1985年获国家科学技术进步奖特等奖。1999年被授予"两弹一星"功勋奖章。入选"庆祝中华人民共和国成立70周年大型成就展"1970—1979年英雄模范人物。

他是"两弹一星"功勋科学家，863计划四位倡导者之一，促进北斗导航系统应用的牵头建议者。他参与了多项对国家安全、人民幸福具有巨大影响的重大科技成果的研究开发，如导弹、人造卫星、载人飞船、探月工程。在航天事业发展的关键时刻,他都会高瞻远瞩地及时提出重大建议,他在中国卫星研制历史上树起了一座丰碑,他就是杨嘉墀院士。

蔚然成才

1919年7月16日,杨嘉墀出生在江苏省吴江县(现江苏省苏州市吴江区)震泽镇的一个丝业世家。他从小受"实业救国"的家族理念影响,不进私塾,就读丝业小学。杨嘉墀在丝业小学人生启蒙的第一课,不是语文、算术,而是参加廖仲恺追悼大会,这在他幼小的心灵里留下了不可磨灭的印象。在丝业小学六年中,他最大的感触是,每年5月很少上课,经常放假,参加各种集会游行活动。"五四运动""五九国耻""五卅运动"等纪念日,丝业小学都要组织报告会,进行爱国反帝演讲比赛。杨嘉墀与不少志趣相投的同学在镇上街头集会游行,散发传单,张贴标语,高呼口号,慷慨激昂地要求大家抵制日货,反对帝国主义的侵略行径。图书馆阅报室里上海的《申报》《时报》,南京的《救国日报》,商务印书馆的《东方杂志》是杨嘉墀和同学们经常接触的良师益友。

进入高小后,杨嘉墀学习了西方先进的科学技术知识,接触了欧美的政治思想和文化思想,初步受到了民主、自由的熏陶和科学精神的启蒙,使得他的思想逐渐活跃起来。反对封建束缚、倡导自由民主的思想,反帝爱国的民族感情,被大大激发出来了。

高中时期,杨嘉墀就读于上海中学,该校的机械工科是新设立的,1935年起陆续添建木工、铸工、锻工、钳工、机械、电器六处工厂及原动力实验室一所。新鲜的工科教材、多种类的设施设备,引起了杨嘉墀极为浓厚的兴趣,进一步触发了他"科技救国"的理念和抱负。杨嘉墀敏而好学,刻苦勤奋,学习了机械制造方面的科技知识,并提高了操作能力,将老师的教学与实验结合得很好,为他后来从事科技研究打下了坚实基础。同时，在上海中学的 5 年也锤炼了他吃苦耐劳、不畏困难的坚强品格。

1937 年，杨嘉墀进入上海交通大学，他目睹了中国人在自己的土地上任洋人欺辱、中国的商品市场任洋货倾销垄断，特别是日本帝国主义占领上海时，日本飞机在上海城市上空肆意嚣叫、盘旋，军舰在黄浦江上耀武扬威地游弋，这种种屈辱情形给血气方刚的杨嘉墀以很强的刺激，他暗暗立下誓言：中国一定要造出自己的火车、自己的飞机、自己的军舰，要用先进的工业来改变中国人被外国人瞧不起、国土被外国人占领的状况。

杨嘉墀怀着学好知识、抗日救国的崇高理想，刻苦学习，凡是能够提高专业水平的活动，他都积极参加。他与同学们一起成立了电机工程学会，主办科普杂志，并担任《科学大众》杂志的编辑。四年艰苦的大学生活，是在乌云压城、风雨飘摇的困境中度过的。

毕业后，应昆明西南联大电机系的邀请，交通大学推荐杨嘉墀去当助教，杨嘉墀答应了。1942 年，西南联大介绍杨嘉墀前往中央电工器材厂工作。在那里，他开始了单路载波电话机的试制工作。

杨嘉墀从原理分析、性能指标的确定、电路设计与试验，到整机设计、结构布局、元器件的选择、生产装配调试等方面深入研究，花了两年多的时间，于 1945 年做出了中国第一套单路载波电话样机，并在昆明工业展览会上展出。

留洋闯荡

1947 年，杨嘉墀赴美国哈佛大学学习。在哈佛大学，他两学期上了 8 门课，同时又在麻省理工学院选修几门课程。他通过考试、获评"A 等"，不到一年就取得硕士学位。眼界宽了，看得远了，杨嘉墀把寻觅知识的眼光投向新兴的科学技术前沿，继续攻读博士学位。1949 年 4 月，杨嘉

科学家精神 爱国篇

墀以《傅里叶变换器及其应用》的博士论文顺利通过答辩,被授予哈佛大学哲学博士学位。

1950年5月,杨嘉墀去宾夕法尼亚大学生物物理系工作,任副研究员。在此期间,杨嘉墀研制了用来测量酶化学反应动力学过程的仪器。他发挥多学科、理工结合的优势,进行系统的研究、分析与设计,按期研制成功一台快速记录吸收光谱仪,工作范围从紫外光到可见光。这一成功结束了光谱仪手动的历史,被专家定为"杨氏仪器"。

1954年,杨嘉墀被洛克菲勒医学研究所聘请为兼职高级工程师,他虽然每周只能在该所工作三天,但却成功研制了生物化学的二色光谱仪、视网膜仿真仪。杨嘉墀同几个在科研单位从事医学电子学工作的朋友一起发起,在美国无线电工程师学会里成立了医学电子学专业委员会,编辑出版了医学电子学杂志。他在洛克菲勒医学研究所做的微电极放大器,其研究成果在他回国后的1958年还在该杂志上发表。

赤子归国

杨嘉墀虽然远在大洋彼岸,在科学的道路上攀登着,但他一直怀念着祖国,祖国发生的每一件事、每一处微小变化,他都留心关注着、思索着。1949年10月1日中华人民共和国正式成立的消息传到美国,杨嘉墀和大多数爱国的中国留学生一样,感到中国有了新的希望。

杨嘉墀　义无反顾　情注一生

为了尽快回到祖国，杨嘉墀辞去了光开关公司的工作，不介入与军方有牵连的工作，转到宾夕法尼亚大学生物物理系工作，几乎不参加任何社会活动，埋头于学习和业务中。

1956年，祖国发出了"向科学进军"的号召，并向海外留学生发出了召唤。祖国的号召令杨嘉墀心驰神往，祖国的召唤令他热血沸腾。美国的研究所仍以高薪挽留他，但这哪抵得过祖国号令的感召力！多少年的等待和期盼即将化为现实。杨嘉墀与夫人一起变卖了家电、家具、钢琴和小汽车，精心选购了示波器、振荡器、真空管、电压表等当时国内缺乏的科研仪器。

1956年8月，杨嘉墀夫妇带着四岁的女儿，从旧金山乘坐远洋客轮"克里夫兰总统号"，向太平洋彼岸驶去，美国西海岸起伏的山峦渐渐在船尾消失了。杨嘉墀站在甲板上，任湿润的海风掀起衣襟。他望着波浪起伏、浩渺无际的大海，心中的思绪难以平静。这是他一生中一次重要航程，他将结束漂泊海外的生活，回到祖国的怀抱，用自己所学的知识，为新中国的建设服务。

勇担使命

回国后，杨嘉墀参与中国科学院自动化研究所的组建，参加《1956—1967年科学技术发展远景规划纲要》制定与实施工作，提出以控制计算机为中心的工业化试点项目。

1963年年初，中央专委下达了我国首次核爆炸任务，国防科委要求中国科学院承担光热辐射和多种力学参数的测试任务，提出测量方案并研制、提供所需测量仪器。杨嘉墀承担的任务是：研制火球温度和亮度测量仪、冲击波压力测量仪、地震波震动测量仪。杨嘉墀迅速组建相应的课题组，亲自负责技术，抓总工作，和项目组成员一起加班加点。我

科学家精神 爱国篇

国第一颗原子弹于 1964 年 10 月爆炸成功,测试核爆结果的正是杨嘉墀带队研制出的测量仪。

接着,杨嘉墀又带领大家完成了"火球光电光谱仪""地下核试验火球超高温测量仪"的研制工作,并成功应用于我国首枚氢弹试验和首次地下核试验。

1965 年,杨嘉墀任人造卫星总体设计组副组长,参与卫星总体方案的讨论,对卫星的姿态控制及姿态测量进行了专题论证。经过两个月的工作,总体组提出了我国第一颗人造卫星的总体方案设想。杨嘉墀还组织姿态控制小组进行了深入研究,提出可采用自动控制实现卫星姿态控制。

1965 年 10 月 20 日,中国第一颗人造地球卫星总体方案论证会召开。与会者建议把我国第一颗人造卫星命名为"东方红一号"。会议除了对总体、卫星本体、运载工具、地面系统的总体方案进行论证外,对卫星本体各分系统的技术方案也做了详细的探讨,并明确了研制分工。杨嘉墀除参加卫星发展规划、卫星大总体技术协调外,还要配合落实自动化所承担的卫星分系统的研制任务。

红外地平仪低温适应是一大难题,杨嘉墀组织中国科学院自动化研究所、化学研究所、上海技术物理研究所、长春光机研究所等协作攻关,使红外地平仪能在 $-100^\circ\text{C} \sim 50^\circ\text{C}$ 的温度环境中工作。

1970 年 4 月 24 日,中国成功发射第一颗人造卫星,卫星质量 173 千克,用 20.009 兆周的频率播送《东方红》乐曲。地面上在唱,天空中也在唱。这是中国航天发展史上的里程碑,杨嘉墀在中关村家中从广播里听到我国第一颗人造卫星发射成功的消息时,久久沉浸在激动的情绪中。

杨嘉墀怀着发展国家航天事业的赤诚之心,不畏艰险,反复试验,使卫星姿态控制系统方案设计取得突破性的进展。他提出采用轨道陀螺罗盘解决偏航姿态测量问题,还创造性地提出在红外地平仪信息处理电路中增加自动增益控制线路,这在当时国际上还是首次。1975—1987 年,我国成功地发射了 10 颗返回式卫星，卫星上使用的控制系统都是源于他主持研制的三轴稳定姿态控制系统。

从"东方红一号"开始，到一箭三星、返回式卫星、地球同步轨道卫星，我国航天事业的每一个重大突破和进展都包含着杨嘉墀的汗水和心血。他说："我最高兴的事，莫过于看到卫星被成功地送上天去。在国外我也曾怀疑回国后英雄无用武之地，没想到国内有这么广阔的科研天地，没想到我还能为国防建设做出自己应有的贡献。我感到非常高兴。"

（摘编自《杨嘉墀》，杨照德、熊延岭，贵州人民出版社，2005 年；
《一生为国 熠熠生辉——记杨嘉墀院士不平凡的一生》，五轩，
原载于《中国航天报》，2019 年 7 月 24 日。由郝迎聪整理）

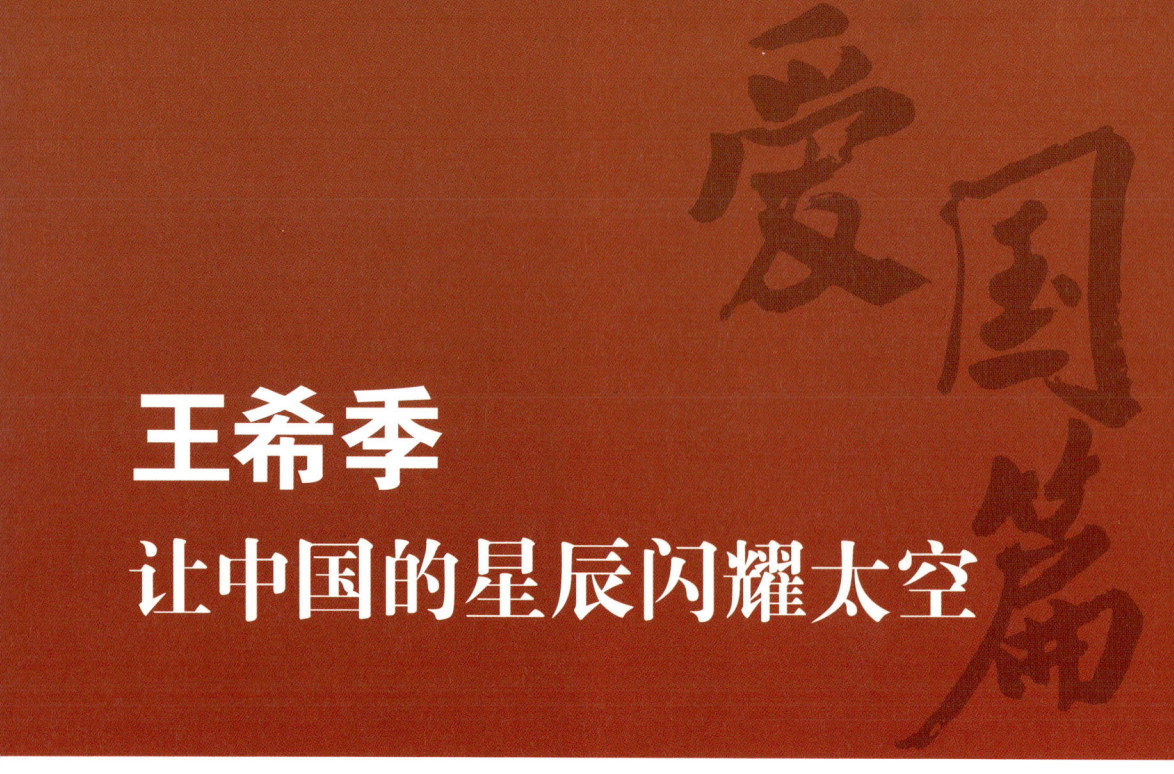

王希季
让中国的星辰闪耀太空

王希季（1921年7月—），卫星和卫星返回技术专家，中国科学院院士。我国早期从事火箭技术研究的组织者之一，是我国第一枚液体燃料火箭及其后的气象火箭、生物火箭和高空试验火箭的技术负责人，倡导并参与发展无控制火箭技术和回收技术两门新的学科。他创造性地把我国探空火箭技术和导弹技术结合起来，提出我国第一枚卫星运载火箭的技术方案。主持"长征一号"运载火箭和核试验取样系列火箭的研制。1985年、1992年各获国家科学技术进步奖特等奖1项，1996年获国家科学技术进步奖一等奖。1999年被授予"两弹一星"功勋奖章。入选"庆祝中华人民共和国成立70周年大型成就展"1970—1979年英雄模范人物。

一台地球仪、一幅资源卫星地图，王希季的办公室里，除了和航天有关的资料用品，别的几乎什么也没有。《空间科学应用》《世界导弹大全》

类的书籍码满一墙书柜，桌上几摞 *Space News* 等中外期刊堆得一尺高。

王希季是我国早期从事火箭技术研究的组织者之一，是我国第一枚液体燃料火箭及其后的气象火箭、生物火箭和高空试验火箭的技术负责人，倡导并参与发展无控制火箭技术和回收技术两门新的学科。他提出了我国第一颗卫星运载火箭"长征一号"的技术方案，并负责研制，最终成功将中国首颗人造卫星"东方红一号"送上太空；他负责完成了我国第一颗返回式卫星的技术设计，并首发成功，使中国成为世界上第三个掌握返回式卫星技术的国家。

把聪明才智献给祖国和人民

在王希季由幼年进入少年时期之际，家道中落，由此，他心中逐渐树立起一种责任感、一种忧患意识。他曾在《自述》中写道："这种责任感和忧患意识起初是对家人和自己的，后来随着年龄的增长而逐渐扩大到对家乡、对社会、对国家。"这种责任感和忧患意识，激励他一直刻苦学习钻研，认真敬业工作，不图清闲安逸，对家乡和国家的发展十分关注，积极支持。

1933年，王希季以昆明市总分第一的好成绩从高小毕业。1937年，又以总分第一的成绩进入昆明高级工业职业学校土木工程科。1938年，北京大学、清华大学和南开大学迁到昆明后组成了国立西南联合大学（简称"西南联大"）并面向全国招生，允许不具备高中毕业资格的学生以同等学力报考。适时，王希季刚学完高中一年级课程，抱着试一试的心态以第一志愿"机械工程系"被录取。进入西南联大，是王希季成长的一个重要转折点。在抗战中组建的西南联大不仅有着雄厚的师资，而且有着爱国报国的优良传统。那首铿锵的校歌《满江红》中所唱的"千秋耻，终当雪"，深深镌刻在王希季的心里。

科学家精神 爱国篇

1940年,日本侵略军占领越南后,频繁轰炸昆明。那些被炸得血肉模糊的躯体,火光中传来的凄惨哭叫声,让年轻的王希季悲愤交加、欲哭无泪。那一幕幕惨绝人寰的景象,永远定格在他的脑海中。要想摆脱这种任人宰割的悲惨命运,祖国就必须强大起来。

在积贫积弱的中国,现代科学技术人才是稀缺资源。一个"工业救国"的梦想在王希季心里萌芽。他想成为一名电力工程师,为家乡云南建设一个相当规模的发电厂。

1948年,王希季前往美国弗吉尼亚理工学院动力及燃料专业留学。他学习非常勤奋,上课之余,隔日还去附近的热力发电厂工作,从锅炉工一直干到领班,全面掌握了发电厂的每一个生产环节,学到了先进的管理方法。1949年12月,他以优异的成绩获取了科学硕士学位。就在王希季准备进一步攻读博士学位时,刊登在《纽约时报》上的两张照片:解放军为了不打扰老百姓而露宿上海街头、中华人民共和国成立,改变了他的求学计划。

"我是在军阀间相互打仗,国家被蚕食、被分治的状态下长大的,有生以来首次看到真为老百姓服务的军队和祖国大陆的统一,我为此而欢呼,决心回国参加新中国的建设。"半个世纪之后,王希季回忆起当初选择回国的动机时,充满感触地说。

美国政府为了留住中国留学生,给他们创造了许多优厚的条件。但王希季已经归心似箭。他出国就是为了学习先进技术,改变祖国的落后状况，如今新中国已经成立，有了施展抱负的社会环境，留在美国已无必要。因此，他毅然踏上了驶往东方的"克里弗兰总统号"商船。

1950年3月，一个阳光明媚、海风拂面的上午，王希季和几十名中国留学生围在华罗庚教授的周围，畅想回国之后如何建设一个强大富饶的中国。说到兴奋之处，学子们抑制不住激扬的心情，放声歌唱："黄河之滨，集合着一群中华民族优秀的子孙……"。

投身祖国的航天事业

1957年10月4日，苏联发射成功了世界上第一颗人造地球卫星，开创了人类进入太空的新纪元。这颗卫星重83.6千克，球形，直径58厘米。1958年1月31日，美国将一颗名叫"探险者一号"的卫星送入了太空。世界进入了航天时代。面对茫茫宇宙，作为泱泱大国的中国，不应该沉默。

中国是发明火箭的故乡，有五千年灿烂辉煌的文明史。中国的四大发明"指南针、印刷术、造纸术、火药"曾为推进世界文明进程做出过巨大的贡献。然而，近百年来，中国的国力日渐衰落，科技发展滞后。1958年，科技界意气风发地开始了向高新技术进军的新征程。

1958年5月17日，毛泽东主席在中国共产党第八次全国代表大会第二次会议上以洪亮的声音向全国科技工作者发出了进军的号令："我们也要搞人造卫星！"中国迈开了向宇宙进军的步伐。那时，钱学森、赵九章等在中国科学院发起了一个叫作"上天、下海、入地"的代表我国科学技术发展方向的倡议。其中"上天"就是要发射人造卫星。为此，中国科学院成立了以钱学森为组长、赵九章和卫 ·清为副组长的领导小组，并建立了1001卫星和运载火箭总体设计院、1002控制系统设计院和1003卫星有效载荷设计院3个设计院。为了利用上海相对较强的工业基础和科技力量，经中国科学院领导与上海市委商量，将1001卫星和运载火箭总

科学家精神 爱国篇

体设计院从北京迁到上海,更名为上海机电设计院,以中国科学院为主,实行中国科学院和上海市委共同领导。

1958年11月,37岁的王希季被调到上海机电设计院工作,担任技术负责人,兼任上海交通大学工程力学系副主任。

当时,整个西方国家对新中国实施全面经济封锁。王希季等人只能依靠自己掌握的知识,千方百计地搜集资料,废寝忘食地研读那些并不熟悉的科学论著。在边"恶补"知识、边研究的情况下,他们开始了中国的火箭试验。

他们最先设计出两种型号的火箭,虽然完成了设计、制作和组装,但因为有些指标不过关,只能被迫放弃。面对这种挫折,王希季向组织提了一个建议,就是从实际出发,以技术难度较小的无控制探空火箭为突破口,循序渐进地创造条件,到适当的时候再开始运载火箭的研制。他这个建议很快被上级采纳。

当时国家没有钱,无论是设计还是试验,条件都非常简陋。火箭发动机试车会产生高压气、有毒气体、高温火焰,因此试车台必须有防爆、防毒和防火的措施。王希季和他的团队在江湾机场把一个废碉堡改装成火箭发动机的试车台。在寒冬腊月,科技人员用水和泥、搬砖头、抬石头,全部当起泥瓦匠,用很短的时间,就建起了一个防爆、防毒、防火的发动机试车台。

1960年2月19日下午,这枚完全由王希季等科研人员设计、研制的液体推进剂探空火箭成功发射,虽然它的飞行高度只有8公里,却在我国的航天史上有着里程碑的意义,标志着我国向走出地球奔向太空的征程迈出了特别关键的一步。

在研制探空火箭的过程中,王希季带领团队闯过了一道又一道的难关,积累了宝贵的数据和经验,为研制运载火箭打下了良好的基础。王希季在采访中回忆到,他们在一次次的研究实验中总结出了"火箭研究制造要符合中国国情"的经验。

火箭研制必须要适合于中国的环境。那个时候,我国与其他国家基本没什么交往,完全要靠自力更生。因此结合社会上的工业、产品、资金这些环境情况,火箭研制首先要飞得上去。

完成研制探空火箭的任务后,又一项充满挑战性的工作找到了王希季——主持中国第一个卫星运载火箭"长征一号"总体方案的论证和设计。为了能够提出一个适合中国国情的、切实可行的技术方案,他做了大量的调查,了解现有的技术力量和所支持的设计参数。在全面考虑空间、地面、材料、技术等方面的基础上,王希季创造性地将导弹技术与探空火箭技术相结合、液体的推进剂火箭和固体的推进剂火箭相结合,提出了一个既能够达到足够的运载能力,又可以节省许多研制经费,时间上也能够满足发射卫星进度要求的技术方案。运用这个方案研制成功的火箭,就是我国长征系列运载火箭的第一个型号——"长征一号"。

完成研制"长征一号"的工作任务后,王希季又全力投入到研制第一个返回式卫星的工作中。当时,返回卫星研制难度之大,令很多人望而却步。王希季带领研究团队制定了几个设计方案。经过一次又一次的争论、讨论,他们最后确定了充分利用"长征二号"运载火箭能力,采用弹道式返回方式,由返回舱和仪器舱组成大返回舱的方案。

这个方案几十年来一直是我国返回式卫星的基本方案。由这个基本方案逐步形成的返回式卫星系列,也是我国使用公共平台最成功、研制周期最短、成本最低、发射数量最多、成功率最高的卫星系列。

1975年11月26日上午,返回式卫星顺利升空。人们都沉浸在试验成功的喜悦中,王希季却提着行李赶到了卫星测控中心,因为他觉得这个任务没完成,他还要等待那颗卫星返回地面。3天以后,当天空中出现那顶红白相间的降落伞的时候,王希季已经是3天没有合眼了。

由于王希季在"长征一号"和返回式卫星研制中做出的突出贡献,他

科学家精神 爱国篇

两次获国家科学技术进步奖特等奖。1999年9月,为了肯定他在"长征一号"运载火箭研制当中发挥的奠基性作用,中共中央、国务院和中央军委授予王希季"两弹一星"功勋奖章。

(摘编自《"两弹一星"元勋王希季:让中国的星辰闪耀太空》,王锐涛,原载于央广网,2019年7月8日;《功勋卓著的航天人——王希季》,曹雪辛,原载于新华网,2018年11月12日。由崔静整理)

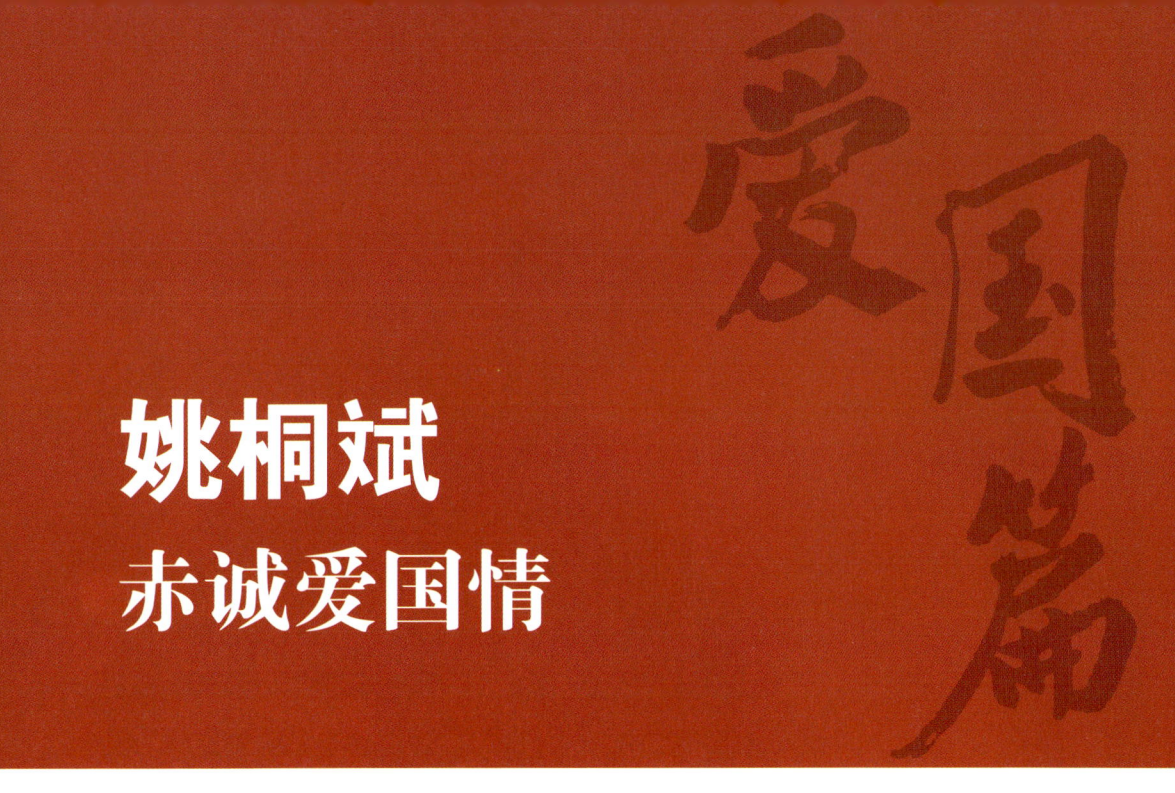

姚桐斌
赤诚爱国情

姚桐斌（1922年9月—1968年6月），冶金学和航天材料专家。我国第一代航天材料工艺专家和技术领路人，对现代冶金学有关金属和合金黏性、流动性的研究卓有成效。1962年组织制定了国防部五院材料工艺的研究方向，并按"材料要先行"的要求，安排组织材料工艺的预先研究。主持了液体火箭发动机材料的振动疲劳破坏问题和液体火箭焊接结构的振动疲劳破坏问题的研究，并应用到型号的研制工作上，对火箭部件的设计、选材和制造起了指导性的作用。1985年获国家科学技术进步奖特等奖。1999年被追授"两弹一星"功勋奖章。入选"庆祝中华人民共和国成立70周年大型成就展"1970—1979年英雄模范人物。

航天的风筝高高飞在天上，是因为牵线的人稳稳站在地上。在广阔的中华大地上，就有着这么一位"牵线人"，为我国的航空航天注入了无限的力量！

姚桐斌在家中反对、战乱不断的环境中坚持学习，以优异的成绩考入交通大学唐山工学院，并以总评成绩全校第一的身份被推选为美国斐陶斐励学会会员，在无比激烈的竞争中考取了公费留学的资格。

他在条件艰苦、技术封锁的年代带领团队不断探索，克服"发汗材料"等一系列航天难题，他向妻子吐露心声："只要能把我国的航天事业搞上去，我就是死了也甘心！"

鞠躬尽瘁为航天，德昭日月感后人。他用自己的生命，点燃了我国科学技术发展的点点火星！

炽热的爱国者

姚桐斌1922年出生于江苏无锡黄土塘镇，读完小学后，由于家境困难，父亲不想让他继续读书，可是校长十分喜欢这个品学兼优的学生，他数次来到姚家劝说："像这样好的学生实在可惜了！"在这样的情况下，父亲终于同意让姚桐斌上无锡县中学。

上中学后，家里的开销更大了，姚桐斌不得不辍学。父亲给了他一点资金，让他在镇上摆个小摊，卖点香烟、火柴、袜子等日杂品。两年后，他带着一点点积蓄来到上海读高中。由于缴不起住宿费，他只好睡在教室里。

此时，上海和无锡先后沦陷。姚桐斌不愿生活在日寇的铁蹄下，便瞒着父亲，和四位同学越过日军的封锁线。1939年，他到达江西省吉安县，考进了国立十三中的高中部，毕业时，取得个人总分第一名的成绩。

1941年，姚桐斌报考了五所大学，均被录取，他选择了交通大学唐山工学院矿冶系，此时他已经展露了自己的远大抱负——志在开发中国资源，以实现孙中山先生的建国理想。他早已把个人理想与祖国前途紧

姚桐斌 赤诚爱国情

紧地融合在了一起。

1946年10月，姚桐斌被录取为公费留学生，并于1947年10月进入英国伯明翰大学工业冶金系攻读研究生，1951年获得伯明翰大学工学博士学位，1953年6月获得伦敦理工学院皇家矿校冶金系 D.I.C（Diploma of the Imperial College）学位。提起为什么要拿两个学位，姚桐斌认真地说："这是我生活中很重要的一部分。来到英国后，我感到祖国很贫穷落后，想多学一些科技知识奉献给祖国。"他真心实意地爱着东方的祖国，密切关注着祖国的变化与发展。

在英国留学时，姚桐斌组织参加了进步的"中国科学工作者协会英国分会"和"中国留英学生总会"的工作并担任过留英学生总会主席等职务。1949年10月新中国成立了，姚桐斌和海外留学生激动万分，他们向国内发了热情洋溢的贺电，并得到了回电。

作为学生会主席，姚桐斌到英国和欧洲其他国家宣传新中国蒸蒸日上的情况，成了新中国的"红色信使"，这引起了英国政府的注意（英国当时未和我国建立外交关系）。一天，姚桐斌接到伦敦警察厅的通知，要他限期离开英国。这时，世界首席铸造学教授依·皮沃斯基听到此事，邀请姚桐斌去联邦德国亚琛大学工作。

1954年初姚桐斌即赴亚琛大学报到。他扎实严谨的学术基础和工作作风给同事们留下了深刻的印象。在亚琛大学期间，姚桐斌写过多篇关于金属黏性及流动性的论文，并自制仪器研究金属黏性，他的工作获得了好评，被好几个国家的大学邀请讲学。但是他仍然一如既往地宣传社会主义祖国，他要让人们在了解他的学术观点的同时也了解新中国。

科学家对于真理的追求是执着的，姚桐斌并不是一个盲目的追随者。从孙中山到共产主义，姚桐斌是通过自身系统而详尽的学习，通过对马列主义理论和毛泽东思想的不断挖掘和感悟，才最终坚定了对共产主义的信仰，奠定了他终生为实现共产主义而奋斗、全心全意为劳苦大众服务、为祖国强盛而鞠躬尽瘁的决心。1956年9月，姚桐斌在中国驻瑞士使馆庄严宣誓，加入了中国共产党。在我国23位"两弹一星"元勋中，他是唯一一位在国外入党的科学家。

他时刻以一名光荣的共产党员的身份要求着自己，为社会主义建设所取得的成就感到由衷的高兴。提到社会主义制度的优越性，他曾兴奋地说："我们的进步是跨越式的、飞腾式的。"

投身航天事业

科学家的精神与坚定的信念是姚桐斌身上最闪耀的特质。姚桐斌1957年年底回国后，北京钢铁学院、清华大学和中国科学院沈阳金属研究所都希望姚桐斌能去他们那儿工作。但后来，聂荣臻元帅通过国务院专家局，指名姚桐斌到成立不久的导弹研究院（即国防部五院）工作，负责筹建一个研究所。

姚桐斌来到了第五研究院的材料研究组（后来扩建为研究所，现航天材料及工艺研究所）。那时该组只有12名大学毕业生，每人一张三屉桌，除了一台ROW立式金相显微镜外，没有其他仪器设备。当时有人问这位归国专家为什么要到这么一个小单位来工作，为什么不去大学当教授或去做更重要的工作时，他回答道："我回国不是为了名利，而是为了把学到的知识贡献给国家建设。因此，我愿意在基层做一些具体事情。愿意同大家一起，为我国火箭上天贡献力量。"

20世纪50年代，我国的材料工业水准不高，连一些低合金钢都生产不出来，更谈不上航天材料了。因此，火箭材料的研制均从零开始。

在研制出这些材料及其相应的工艺后，还需要对这些材料进行接近火箭使用条件的试验，如高温、超低温、振动、密封、烧蚀、腐蚀、老化等，其工作之艰难可想而知。

姚桐斌主张有计划按比例地安排当前研究和预先研究。他认为材料研究应先于火箭设计试制，不仅应考虑现有型号的火箭材料，同时应开始为新型号的火箭材料作准备。他列举了当时苏联和美国火箭技术发展的经验后指出，研究与发展所需周期较长，设计与生产所需周期可大大缩短。因此，姚桐斌主张加强预先研究，要有技术储备。

姚桐斌多次强调预先研究的重要性。他多次以开饭馆为例向所内人员说："设计人员好比顾客，他点一道菜，你说：'我还不会做呢！我还要去买肉、买菜、养鸡下蛋'，那怎么成？你这个开饭馆的必须事先摸清顾客想吃什么，事先准备好肉、菜、蛋，事先学会怎么炒出来。这样顾客点了这道菜后，你不就马上能够拿出来了吗？"

1961—1964年，航天材料及工艺研究所共开展了500余项课题研究和技术攻关，取得了一大批科研成果，打破了外国的技术封锁。姚桐斌领导和指导高温钎料合金的研制和钎焊工艺课题，并以钎焊结构取代了我国液体火箭发动机的老式结构。他领导研究的钛合金高压容器一直在我国历代航天产品上得到广泛的应用，对减轻火箭结构重量，增加卫星有效载荷起到了重要作用。他主持了液体火箭发动机材料的振动疲劳破坏问题的研究并将其成果应用到火箭型号的研制工作上，对火箭部件的设计、选材和制造起了指导性的作用，为我国火箭及卫星研制提供了材料保证。20世纪80年代曾做过一个统计，当年姚桐斌主持提出的预先研究课题，约 80% 已用在火箭型号上了。

张爱萍将军为姚桐斌讲了这样一段话："姚桐斌是怀着'学有所成，报效祖国'的强烈愿望，毅然放弃国外优裕的生活工作条件，回国投身国防科技事业的。他十年如一日，忠于人民、忠于党的科技事业，为我国航天材料和工艺技术做了开创性、奠基性的工作。"他用一生的努力跨越了美国的技术封锁，为我国的航天事业注入了无限的力量。作为一代冶金与航天材料领域的大师，作为一名有着高尚品格的共产党员，姚桐斌将被人民永远铭记。他的精神，将永远流传下去！

（摘编自《中国航天材料与工艺奠基人》，姚微明，中国宇航出版社，2019 年；《"两弹一星"元勋姚桐斌的一生》，彭洁清，原载于人民网，2013 年 3 月 11 日；《致敬"两弹一星元勋"姚桐斌校友！》，西南交通大学立德树人教育发展中心，原载于西南交通大学官网，2019 年 8 月 23 日。由文正整理）

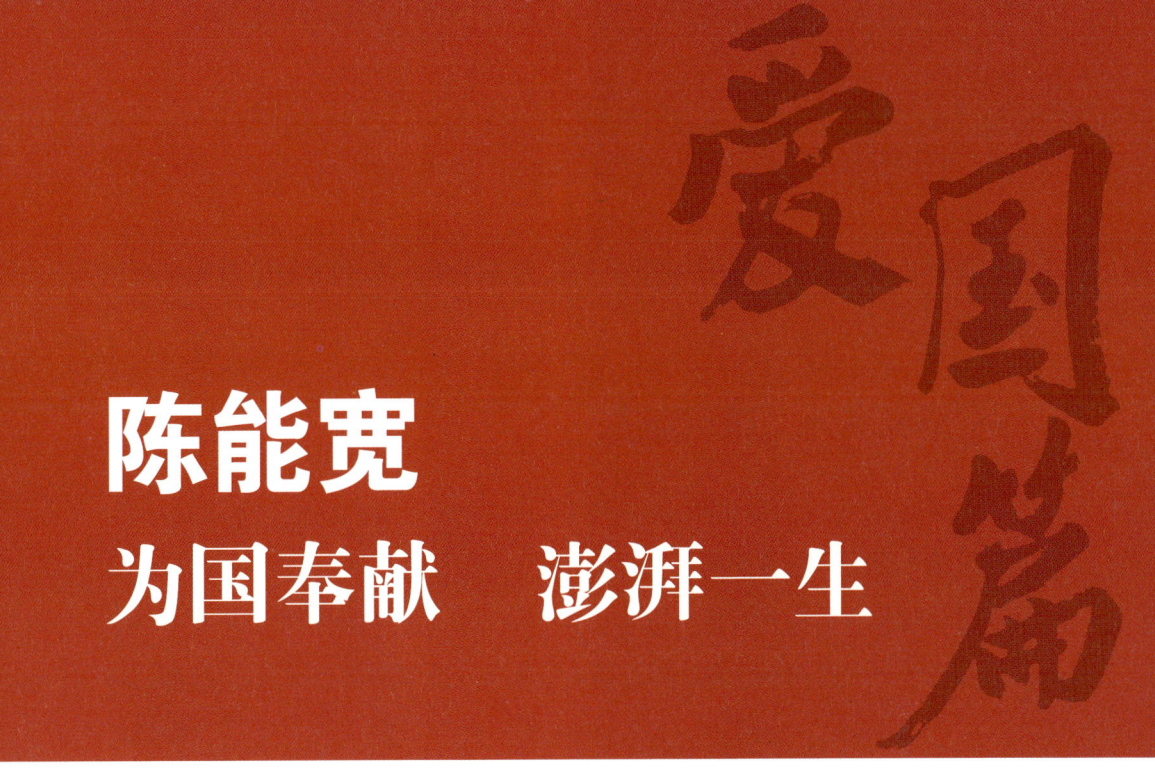

陈能宽
为国奉献 澎湃一生

陈能宽(1923年4月—2016年5月),金属物理学、材料科学、工程物理学家,中国科学院院士。长期从事金属物理和材料科学方面的研究工作。在多种金属单晶体形变、再结晶及该材料在高温高压下的行为方面,解决了一系列有实际应用价值的理论和实际问题,对我国技术科学的发展做出了贡献。在交叉学科的工程物理研究方面,在中国原子弹、氢弹的研制,爆轰物理、炸药工艺与炸药物理化学、特殊材料冶金、实验核物理等学科领域的研究和组织领导工作中做出了重要贡献。1985年获3项国家科学技术进步奖特等奖,1986年获国家科学技术进步奖特等奖。1999年被授予"两弹一星"功勋奖章。入选"庆祝中华人民共和国成立70周年大型成就展"1970—1979年英雄模范人物。

陈能宽的一生,为我国核武器事业发展而"隐身"戈壁荒原、深山峡谷,以身许国,俯仰无愧。从出国求学、扬名海外到毅然回国、科技报国,

科学家精神 爱国篇

从青年科技栋梁到铸造核盾的支柱,他是中国一个多世纪以来传统爱国知识分子的典范。

扬名海外　毅然回国

陈能宽 1923 年出生于湖南省慈利县江垭镇一个山沟里。他自幼好学,并且刻苦努力。在常德隽新中学读初中,受到该校一位几何老师的影响,陈能宽对几何学十分着迷,这为他日后进行金属结构的研究打下了良好基础。1939 年初中毕业后,陈能宽以最高总分考取有奖学金的长沙内迁沅陵的雅礼中学。高中期间,他的英语和理科成绩都很好,1942 年以优异成绩被保送入国立交通大学贵州分校(含当时迁到平越的国立交通大学北平铁道管理学院和交通大学唐山工学院)唐山工学院(现西南交通大学)矿冶系。留学考试刚恢复,他和妻子裴明丽(唐山交大,现西南交通大学土木系毕业)考取了有政府支持的自费留学,于 1947 年到美国耶鲁大学留学,3 年后获得物理冶金学博士学位。在美国,陈能宽因与人合作发表《金属晶体中滑移线传播的微观电影显示》一文在学术界引起广泛关注。这篇文章打消了材料学界对"位错"理论的质疑,奠定了陈能宽在金属物理学领域的先驱地位。

1955 年秋,中美两国在日内瓦达成"交换平民及留学生"协议,他才真正有了归国的希望。有些美国朋友对他急于回到贫穷落后的中国不解,他说:"新中国是我的祖国,我没有理由不爱她。这种诚挚的爱,就像是被爱神之箭射中了一样,是非爱不可的!"陈能宽终于在 1955 年 11 月 25 日,带着全家老小乘"威尔逊总统号"轮船,从旧金山经檀香山、日本、菲律宾、中国香港,于 12 月 16 日抵达深圳,实现了回国愿望。

陈能宽　为国奉献　澎湃一生

科技创新　为国为民

20世纪50年代，面对超级大国的核威胁、核讹诈，党和国家领导人做出了"发展中国核事业"的战略决策。1960年6月，37岁的陈能宽由中央选调到二机部北京九所（中国工程物理研究院前身），担任爆轰物理研究室主任。当时，我国亟须通过爆轰物理实验，对原子弹理论方案加以验证。

陈能宽感到既光荣又有些底气不足，因为他原是学物理冶金和金属物理的，对搞原子弹所需要的核物理知识，以及有关炸药、爆轰方面的知识，都是外行。

与同时代的众多科学家一样，陈能宽对"落后就要挨打"有着切身感受，爱国之心、强国之志深深地融入了他对科学的追求之中。他常说："科学没有国界，但科学家是有祖国的。"正如他谈到前辈时说的，"他们大多是从事基础研究的，很有造诣，世界知名。如果完全从个人兴趣选择出发，研制武器的吸引力就不一定处于首位。但是，他们毅然决然地以身许国，把国家安全利益视为最高价值标准。"这也正是陈能宽本人的真实写照。

陈能宽带领团队从零做起，仅用两年时间就手工造出上千枚炸药部件，做了上千次试验，初步建立起核武器爆轰物理理论和试验体系，完成了相关设计和测量研究工作，并

带动了炸药及光、电测试的技术攻关。

之后，在陈能宽和王淦昌等人的组织领导下，大型爆轰试验节节突破，为原子弹、氢弹突破奠定了重要基础。

1964年10月16日，我国第一颗原子弹爆炸成功；1967年6月17日，第一颗氢弹爆炸成功。随后，空投核航弹和导弹核武器先后试验成功，原子弹实现武器化，打破了超级大国的核垄断。

在我国核武器加紧攻关的时候，超级大国为保持核优势，以其达到的技术水平设置门槛和限制，于1963年签署了"禁止大气层核试验条约"，妄图把中国核武器扼杀在摇篮里。如何尽快掌握地下核试验测试技术，成为摆在攻关人员面前的新挑战。

陈能宽和朱光亚、王淦昌一起提早筹谋，并亲自参与大部分核试验的方案制定和组织领导，带领团队攻克了面临的测试技术难题，使试验方式实现了从空爆、地爆向地下平洞和竖井试验的转变，试验的效费比也大大提高。

之后，又成功完成了从全当量到减当量的试验，打破了"限当量核试验条约"的限制，再一次粉碎了超级大国的图谋。

对于中国核武器人而言，"争气弹"的成功只是辉煌的起步。此后数十年间，以陈能宽为代表的科学家们转战草原、戈壁、大漠、深山，默默无闻、艰苦卓绝地探索世界尖端科技，走出了一条中国特色的核武器科技事业发展道路。

1996年全面禁核试验以后，核武器及其科学技术发展进入一个更新、更高的阶段。

不等不靠　自力更生

作为实验物理学家和"大科学工程"的领导者，陈能宽和老一辈科学家在科研攻关中积淀的成功经验和形成的科学方法,正是我们发展至今一脉相承的精髓所在,也是当今科技创新不断攻坚克难、实现跨越发展的法宝和利器。

为开创核武器爆轰物理学的新领域,陈能宽从掌握基本规律入手,先是自学相关基础知识,打好理论基础;再从改造简陋试验场开始,用土办法手工熬煮、搅拌、浇铸炸药,为赶进度冒着硝烟一个接着一个试验,再就地用手摇计算机、计算尺甚至算盘处理试验数据,通过理论模拟与上千次试验的相互印证,逐步抓住了爆轰物理研究的"牛鼻子"。

同时,陈能宽从有利于工程化角度提出设计思路,经过反复的计算推敲、试验验证、设计修正和论证,终于在最短规划期内研制出了第一颗原子弹的关键部件。

为了创造一种更安全、省钱的替代核爆的试验方法,陈能宽和几位专家带领攻关队伍,利用相关理论成果,从探索、失败到再探索,历经十余载的艰难跋涉,终于攻克技术难题,摸索出用系列冷试验来获取数据的科学实验方法。

在长期的科研工作中,陈能宽深深地感到,创新是一件很不容易的事情,但必须要做。他从原子弹的成功总结出,创新要以"自力更生为主,原子弹的研制技术高度保密,所以掌握技术诀窍,必须靠自力更生""我们理论与实际相结合,一步一个脚印,对国外走过的路,力求知其然且知其所以然,因而敢于攻关探险,能够少走弯路。我们注意在基础预研、单项技术和产品上下功夫,所以能够做出自己的发明创造来,而所花的人力、物力比国外却少得很多"。

(摘编自《陈能宽的创新启示》,刘仓理,原载于《光明日报》,2016年8月18日;《"两弹一星"元勋陈能宽:为国奉献 澎湃一生》,原载于央视网,2019年1月15日;《陈能宽:为国奉献 澎湃一生》,陈海波,原载于《光明日报》,2016年5月30日。由魏宗梅整理)

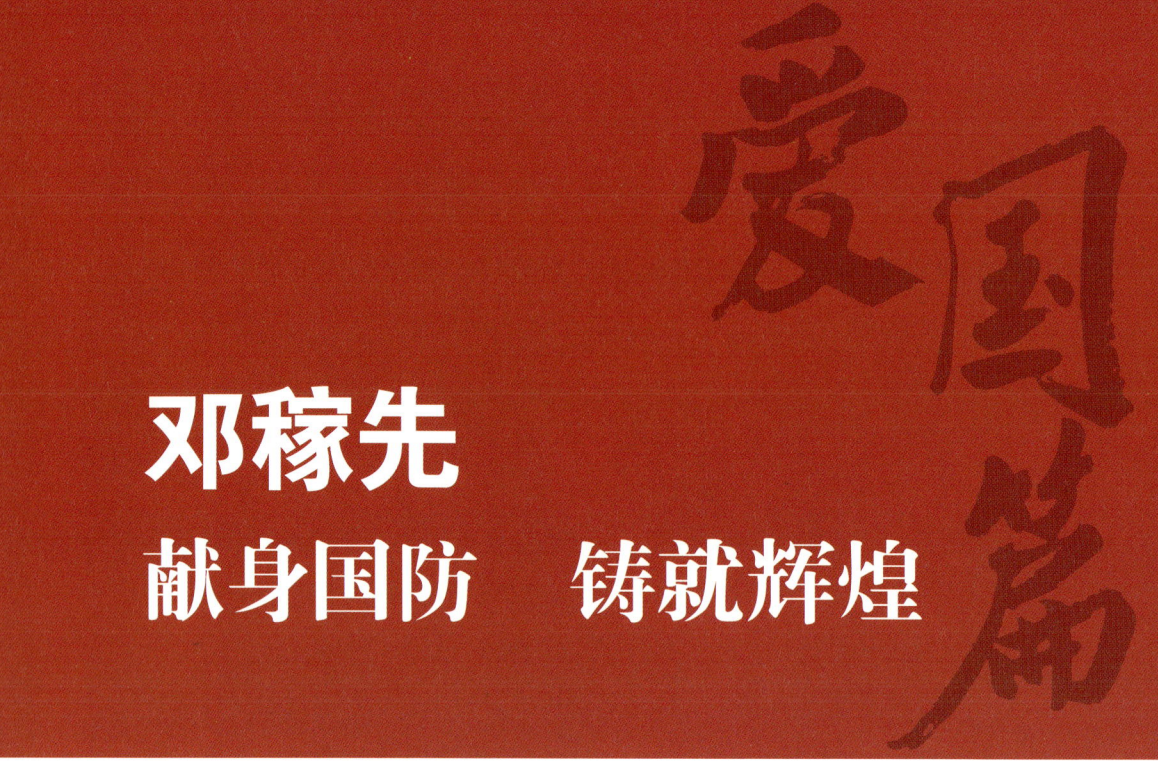

邓稼先
献身国防　铸就辉煌

邓稼先（1924年6月—1986年7月），核物理学家，中国科学院院士。领导完成了中国第一颗原子弹的理论方案并参与指导核试验前的爆轰模拟试验。组织领导了氢弹设计原理、选定技术途径的研究，组织领导并亲自参与了1967年中国第一颗氢弹的研制与试验工作。20世纪70年代初以来，在组织领导与规划中国新的核武器工作中做出了重要贡献。1985年、1987年、1989年获国家科学技术进步奖特等奖4项。1999年被追授"两弹一星"功勋奖章。入选100位新中国成立以来感动中国人物。入选"庆祝中华人民共和国成立70周年大型成就展"1970—1979年英雄模范人物。

邓稼先将自己的智慧、个人幸福及生命，毫无保留地献给了中国的国防事业。1986年他患癌症住院，国防科工委的同志在探视他时说："我们国防科工委的同志们都很敬重你，想听听你的人生箴言。"他稍加思索

邓稼先　献身国防　铸就辉煌

说道："选择了核武器，就意味着选择了牺牲和付出。可是，我对自己的选择，终生无悔。""假如生命终结之后能够再生，那么，我仍选择中国，选择核事业……"

求学报国

1924年6月，邓稼先出生在安徽怀宁县一个书香世家，40天后，全家搬进北平。他的父亲邓以蛰曾任清华大学哲学系教授，所以他从小在清华园中长大，在园子里，他就立下了强国兴邦的志向。"七七事变"后不久，北平沦陷。当时，13岁的邓稼先正在北平崇德中学念书。这是英国人办的教会学校，各门功课照开不误。这样，邓稼先就同父亲一道留在了沦陷后的北平。此后，在短短的10个月里，日寇侵占了从北到南的大片国土。当亡国奴的屈辱，中国会不会亡的焦虑，日寇的凶残蛮横，家庭生活的一落千丈，使邓稼先第一次懂得了什么是民族压迫和民族仇恨。有一次，日寇攻陷了一个城市，他们逼着老百姓参加"庆祝"游行，邓稼先气愤地把小旗子扔在地上，踩在脚下。这事很快被日本人知道了，他们找到邓稼先的中学校长，校长对生病的邓以蛰教授说："赶快让你儿子走吧，怕要出事啦。"于是，16岁的邓稼先跟着大姐邓仲先离开北平，辗转来到云南。1941年，邓稼先考上了西南联合大学。

在抗日救亡的呼声中成长起来的邓稼先，高唱着"千秋耻，终当雪，中兴业，须人杰"的西南联大校歌走上科学之路。为了实现科技强国的夙愿，他将个人的事业与民族兴亡紧密相连。1946年初秋，22岁的邓稼先大学毕业，被聘为北京大学物理系助教。1947年顺利地通过了考试，留学美国。临行前，他说："只要祖国有需要，我马上回国！"在西南联大打下的坚实基础在美国学习的时候显露出来，邓稼先各门功课优异，并且拿到了奖学金。甚至第二外语课他一次没上过，居然也能顺利通过考试。

科学家精神 爱国篇

1949年，新中国成立的消息，让邓稼先激动不已，但他的学业也正处于最关键的时候。3年的博士课程，邓稼先仅仅用了1年11个月便读完学分，并完成了博士论文，1950年8月20日，26岁的邓稼先获得博士学位。9天后，邓稼先启程回国，回到那一穷二白的祖国去。他记得小时候离开北平时父亲的嘱托"要学科学"，他也坚信中国共产党必将领导建立一个崭新的中国，而建设国家需要人才。他眼下迫切要做的就是将自己所学的科学知识，报效在科技方面还远远落后于世界其他国家的祖国。

潜心原子弹理论设计

1950年10月，回到祖国的邓稼先很快被安排在中国科学院近代物理研究所工作，一直到1958年的8月钱三强交给他任务的那一天。邓稼先从钱三强的办公室出来后，心里非常明白，从今以后，他必须隐姓埋名，不能发表学术论文，不能公开做报告，不能出国，不能随便与人交往，不能说自己在哪里，更不能说在干什么，上不告父母，下不告妻儿。对于一个保持着儿时天性的人来说，相当一段时间里，他有种被束缚的感觉，但是新中国需要原子弹以壮国威。因此，回到家他对妻子说自己要调动工作了，没有说具体是什么工作，只是告诉妻子做这件事，他就是死了也值得，家里的一切便托付给妻子了。向来不爱照相的邓稼先，与妻子照了一张全家福，那一年邓稼先34岁。

没有人知道邓稼先在哪里工作，他白天消失，晚上神秘地回家。其实，他那时工作的地方与家只隔着一站路，严格的保密纪律让邓稼先的生活方式完全变了，他从此没有发表过一篇论文，没有做过一次学习报告，甚至亲友间的聚会也避开了。

美国在日本的长崎、广岛投掷两颗原子弹，让世界真切看到了原子武

邓稼先　献身国防　铸就辉煌

器的毁灭力量。2002年，美国解密了41份绝密文件，文件清楚地表明美国政府曾多次企图对中国发动核突袭。朝鲜战争期间，装有原子弹的导弹一度运至日本冲绳岛，美国人扬言要将核武器当作普通炸弹来用。国际舆论称自广岛、长崎被毁后，没有任何一个国家像中国一样临近核威胁。

而当时世界核物理方面的情况是这样的：1941年5月，日本就开始研究原子弹，但跑遍日本和朝鲜，也没找到可供开采的铀矿。德国制造原子弹的计划也因其他国家的阻挠而完结。只有美国可以成吨地生产核原料。

邓稼先就是在这样的背景下，于1958年8月开始出任二机部九院理论部主任。理论设计，是制造原子弹的龙头。那天，邓稼先接受任务时第一个反应就是"我行吗？"这时的理论设计小组只有邓稼先和几个刚毕业的大学生，而美国第一颗原子弹的科研队伍仅诺贝尔奖得主就有14人。

1957年，中苏《国防新技术协定》签订，苏联表示援助中国研制原子弹，中国用农产品交换苏联的教学模型和图纸资料，中国人充满期待，希望在苏联的指导下缩短研制周期。但事实上，即使在常规武

科学家精神 爱国篇

器上，苏联也只允许中国人仿制他们将要停产的武器装备。邓稼先的工作任务是向苏联专家学习原子弹的设计理论，但苏联专家只是指定了14本专业书籍，这就好比将邓稼先的理论组带进了一个迷宫。邓稼先带着理论小组一起讨论了一些问题向苏联专家请教，得到的回答基本上是零。苏联专家不允许邓稼先带领的理论组马上动手开展核武器研究，但是邓稼先并没有这么做，他带着团队一边学习一边工作，一边调研一边推测。如果苏联专家来检查，就赶紧把工作本藏到抽屉里。我们现在很难体会，在一穷二白的中国，在一无所有的中国，邓稼先所承受的压力。他尽管是留美博士，学的是核物理，但做原子弹同样一无所有，还要受制于苏联专家。但很快，连这样不合格的老师也没有了。苏共中央借口当时苏联与美国等西方国家正在日内瓦谈判关于禁止试验核武器的协定，中断向中国提供原子弹的有关技术资料等协议的项目。这给中国原子弹的研制工作造成了重大困难。理论小组组建一年多，仍然没有人知道原子弹是怎样的，应该怎么办。后来的历史表明，苏联的断援竟成了分水岭，中国由此走上了独立自主发展核武器的道路。但这是一种怎样的艰难，摆在邓稼先面前的问题很现实，首先要在"迷宫"中找到方向。邓稼先通过不断的学习、工作、思考，终于找到了方向，他将中子物理、流体力学和高温高压下物质性质这3个方向作为研究的主攻方向，这也是他对中国原子弹研究的最大贡献。不要小看这3个方向。这等于是找到了原子弹喉咙的位置。方向确立了，邓稼先晚上备课，白天给年轻人补习专业知识。有时上完课，邓稼先站在黑板前，竟睡着了。理论组团队沿着这个方向不断探索，在两年中获得了很大的进步。1960年，他们走到了一个关键之处，要寻找制造原子弹的一个关键参数。当年，苏联专家曾给过一个参数，竟导致邓稼先他们首先用"成千上万的数据"去验证这一数据的准确性。上万次的方程式推算的结果，与苏联专家的爆炸参数相差一倍，计算用的纸装进了麻袋，堆满了仓库。突然，邓稼先意识到，苏联专家给出的参数可能不准确。

就这样,邓稼先带领大家反复演算了 9 遍,最终证实苏联专家的数值是错误的。关键参数被确定之后,整个核武器研制的"龙头"昂起来了。

制造第一颗原子弹时,科学家们制造精密、复杂的核武器用的竟都是最原始的工具,炼制炸药时用的是铝锅,精确计算时用的是手摇计算机、计算尺和算盘,这里有邓稼先和那一代科学家天才般的创造,有他们义无反顾的热情。1961 年,经过整整 3 年的计算,邓稼先带领的研究人员终于敲开了原子弹设计的大门,原子弹的蓝图基本成型。

1964 年 10 月 16 日下午 3 点,中国的第一颗原子弹顺利地在沙漠腹地炸响。有了原子弹,打破了美苏核垄断,一个月后,在中美大使级第 123 次会谈上,美国代表第一次使用了"中华人民共和国政府"称谓。

在这巨大的蘑菇云后面,大家可能有所不知,早在一年前,邓稼先就已经率领原班人马开始了氢弹的理论设计。1965 年年底,邓稼先和于敏共同拿出了一个氢弹理论设计方案。经过 1966 年两次热核试验,证明了这个方案是正确的。1967 年 6 月 17 日,中国顺利爆炸了第一颗氢弹。

鞠躬尽瘁　死而后已

20 世纪 70 年代末,一次重要的空投核试验发生重大事故,核弹重重地砸在试验场区的戈壁滩上。试验失败,首先要找到弹体,查明原因。

虽然有关部门立即安排了部队进场搜寻抢险,但邓稼先和赵敬璞连防护服都顾不上穿好,就从 100 多公里外的观测点坐车直接冲进场地,奔赴爆心观察。可是,他们并没有发现碎裂的核弹。

晚上,搜寻部队传来消息:碎弹已经找到。邓稼先立刻召集九院各分队队长开会,安排第二天进场考察,并反复交代要认真细致地工作,摸清相关情况。

第二天，邓稼先带领考察小组分别乘车进入爆心，赵敬璞同行。这是两人第二次进入事故现场，防护措施已严格到位。当行进到弹落地点时，邓稼先才发现，其实昨天他们已经接近弹坑了。

虽然深知碎裂核弹的核辐射剂量，但邓稼先顾不上个人安危，先让司机和赵敬璞留在吉普车上，自己走到弹坑前仔细查看了弹体，直到判断爆炸原因为化爆，核弹设计没有大问题才松了一口气。

在邓稼先的率领和指挥下，到达弹坑后，总体设计室主任、试验总体设计负责人沈中毅将考察小组成员分组，将搜寻区域分为4个象限进行查看。值得庆幸的是，那是没有风的好天气，核弹碎裂后泄露的放射性污染物没有随风飘散到更广区域。

后来查明，事故的原因是核弹投掷时降落伞没有打开，核弹呈自由落体，还没有爆炸就摔碎了。

回到营地，经专业医生测试，沈中毅等人身上的放射性剂量超过正常值几百倍，被立即送往青岛救治。在场考察的领导、技术干部、解放军战士、司机，均被安排到各地接受治疗。但邓稼先却没有进行充分的疗养治疗，心里惦记着查清事故原因，很快带着药回到位于四川三线的工作单位。

1984年，距离第一颗原子弹爆炸整整20年，邓稼先指挥他一生中最后一次核试验，这次试验标志着中国第二代核武器的重大突破。1985年，邓稼先回到了北京，他回到了妻子的身边。但这时，他的生命即将走到尽头。他进了医院，再也没能走出来，他住了363天院，生命的最后时光，占据他脑海的仍是中国的核事业。在他意识还比较清楚的时候，他与妻子许鹿希聊了很多，他想搞原子弹的和平利用。在医院的这段时间，尽管体内在不停地出血，疼痛难以忍受，邓稼先还是坐在能减缓压力的橡皮圈上，写他一生的积攒，写他最后的思考。因为身体疼痛，他只能写一会儿歇一会儿，然后再写。这份建议书写了很大一包，完稿时，他交给妻子，让她亲手送到九院，并对她说："希希，这个比你的命还重要。"建议书的内容至今还是保密的，我们知道的是，在生命的终点，邓稼先着重思考的是和平利用原子弹。1986年7月29日，邓稼先走完了他62年的生命历程。

（摘编自《邓稼先传》，许鹿希、邓志典、邓志平等，中国青年出版社，2015年；《"两弹元勋邓稼先：从'596'到'639'"》，原载于《中国核工业报》，2006年4月26日；《邓稼先：在核试验场留下不寻常纪念照》，陈瑜，原载于《科技日报》，2019年12月13日。由崔静整理）

朱光亚
把血汗洒在祖国的大地上

朱光亚（1924年12月—2011年2月），核物理学家，中国科学院院士、中国工程院院士。20世纪50年代末以来，负责并组织领导中国原子弹、氢弹的研究、设计、制造与试验工作，参与领导了国家高技术研究发展计划的制订与实施、国防科学技术发展战略研究，组织领导了禁核试条件下中国核武器技术持续发展研究、军备控制研究及我军武器装备发展战略研究等工作，为中国核科技事业和国防科技事业的发展做出了重大贡献。1985年获国家科学技术进步奖特等奖。1999年被授予"两弹一星"功勋奖章。入选"庆祝中华人民共和国成立70周年大型成就展"1970—1979年英雄模范人物。

这位传奇科学家平时为人低调，很少抛头露面，创下的功勋却令人为之震惊。半个世纪以来，他始终处于我国核武器发展科技决策的高层。在核武器技术发展的每一个关键时刻，都凝聚了他的智慧和决心。无论是发展方向的抉择和决策，还是核武器研制和核试验关键技术问题的决策，他都起到了主导作用，为中国特色核武器事业的持续快速发展做出了卓越贡献。

"中国人要做出原子弹，只能靠自己"

抗战胜利后不久，重庆国民政府邀请数学教授华罗庚、物理学教授吴大猷、化学教授曾昭抡赴重庆商讨发展原子武器事宜。3位教授拟订了计划，遴选优秀青年学者赴美考察。朱光亚被吴大猷选中。

1946年8月，朱光亚和李政道、唐敖庆等一起，随同华罗庚从上海乘船赴美。

然而，心怀原子弹之梦的朱光亚等人刚到美国，就碰了个大钉子。先期到达的曾昭抡告诉他们，美国有关原子弹的各个科研机构均不准许外国人进入。刹那间，美梦化为泡影。

残酷的现实使朱光亚醒悟：美国任何时候也不会帮助中国发展尖端科学技术。中国人要做出原子弹，只能靠自己。

师生们考察的热望破灭后，他们决定自谋出路，分别进入美国的研究机构或大学，学习研究前沿科学技术。朱光亚不改初衷，1946年9月，他随吴大猷进入密歇根大学，从事核物理学的学习和研究。在这里，他一边作为吴大猷的助手做理论和计算研究，一边在研究生院学习核物理实验技术，攻读博士学位。

经过不懈努力，朱光亚取得了优异的成绩。他的学习成绩始终全部是A，连续4年获奖学金。1947—1949年，他连续在《物理评论》上发表了4篇论文，在发展迅速的核物理领域留下了自己的足迹。1949年6月，25岁的朱光亚完成了博士论文，顺利通过论文答辩，获得了物理学博士学位。

科学家精神 爱国篇
SPIRIT OF SCIENTISTS

"祖国在迫切地等待我们！"

"同学们，听吧！祖国在向我们召唤，四万万五千万的父老兄弟在向我们召唤，五千年的光辉在向我们召唤，我们的人民政府在向我们召唤！回去吧！让我们回去把我们的血汗洒在祖国的土地上，灌溉出灿烂的花朵。我们中国要出头的，我们的民族再也不是一个被人侮辱的民族了！我们已经站起来了，回去吧，赶快回去吧！祖国在迫切地等待我们！"1950年年初，朱光亚牵头起草的《致全美中国留学生的一封公开信》中这样写道。

当时密歇根大学的中国学子十分关注国内形势，作为中国学生的学生会主席，朱光亚常组织大家围坐在草坪上传阅《华侨日报》，宣读家信，传递国内消息。

"只有把个人命运与祖国命运紧密联系在一起，把自己的聪明才智献给祖国，个人的人生价值和理想才能实现。"朱光亚认为。因而，他积极地向大家宣传国内形势，激励大家的爱国情怀，呼唤同学们努力学好科学知识报效国家。1950年2月，他拒绝美国经济合作总署的旅费，取道香港回国。途中，他与51名留美同学联名发出了《致全美中国留学生的一封公开信》。

这封公开信登在《留美学生通讯》1950年3月18日第三卷第八期上，在当时海外的中国留学生和学者中引起了强烈反响，它像一个号召令，让更多海外学子受到感召，回到了祖国的怀抱，成为建设新中国的栋梁。

我国第一颗原子弹爆炸成功

1955年，党中央做出发展原子能工业的战略决策。此时已是东北人民大学（现吉林大学）物理系教授的朱光亚奉调参与筹建北京大学物理研究室，担负起尽快为我国原子能科学技术事业培养专门人才的重任。

次年9月，他调任中国科学院物理研究所中子物理研究室副主任，在所长钱三强的领导下，带领年轻人从事中子物理和反应堆物理研究。

这段时间，他还参与了苏联援建的核反应堆建设和启动工作，发表了《研究性重水反应堆的物理参数的测定》等论文。同时研制成功第一座轻水零功率装置，这是我国原子能技术研究的一项基础工程，它的意义重大，为我国自行设计、建造核反应堆跨出了关键性的一步。此外，他还兼任研究所的学术秘书，表现出不凡的科学造诣和较强的科研组织领导能力，深受钱三强的赞赏。

1959年6月，苏联来信拒绝按协定向中国提供原子弹样品和技术资料。中共中央决定"自己动手，从头摸起，准备用8年时间搞出原子弹来"。朱光亚被调入核武器研究所，并于次年3月被任命为副所长，担任科学技术方面的总负责人，协助所长李觉、副所长吴际霖开展科研组织领导工作。

当时最大的困难是缺少资料，只有1958年宋任穷、刘杰、钱三强、吴际霖等人在听取苏联专家讲授原子弹教学模型课时，记下的一份支离破碎的提纲式记录。朱光亚按照吴际霖的提议，与邓稼先、李嘉尧一起将这些记录整理成了一份较为完整的参考资料。以此为线索，他组织科研人员一边学习了解基本原理，开展自己的理论研究；一边开展科研实验的准备工作，亲自审定大量的技术任务书。

与此同时，他还协助李觉建立了一套科学的规范化的科研管理程序，帮助科研人员养成严肃认真、一丝不苟、精益求精的作风和科学求实的精神。后来，周恩来总理在一次重要会议上，特意表扬了朱光亚这种严谨细致的科学精神和工作作风。这种精神和作风在核武器研制队伍中一直延续下来，对我国较高的核试验成功率及核武器技术的快速发展起到了重要的保障作用。

1960年8月，苏联政府撤回专家，我国核武器研制工作走上了完全自力更生的发展道路。根据科研工作的需要，朱光亚向二机部提出调集专家和科技骨干的建议。经中央批准，王淦昌、彭桓武、郭永怀、程开甲等著名科学家奉调担任核武器研究所的技术领导，还选调陈能宽、周光召等一批科技骨干，与早先调来的科学家一起形成了研究工作的核心力量。随后，他又与李觉、吴际霖一起组织调整了研究所的科研机构，全面开展理论物理、爆轰物理、中子物理和放射化学、自动控制等研究探索工作。

1962年，我国原子弹的理论设计、爆轰试验、中子源研制等均取得了重大进展。然而由于正值3年经济困难时期，国内对原子弹研制项目是否"下马"出现争论。9月，二机部部长刘杰与李觉、吴际霖、朱光亚等，向中央提出了两年内进行我国第一个原子弹装置爆炸试验的"两年规划"。

为进一步分析研究其可行性，朱光亚主持起草了《原子弹装置科研、设计、制造与试验计划纲要及必须解决的关键问题》。该文件是当时中国原子弹研制科技工作的重要纲领性文件，对我国在当时科学、工业基础薄弱的条件下，很快完成第一个原子弹装置的研制起到重要作用。

同时，他还主持起草了《原子弹装置国家试验项目与准备工作的初步建议与原子弹装置塔上爆炸试验大纲》，提出将核爆炸试验分两步走，第一个装置先以地面塔爆方式，然后以空投航弹方式进行的方案，不但提前了我国第一颗原子弹爆炸的时间，更是能安排较多的测试项目，用来监视原子弹动作的正常与否，检验设计的正确性。这两份至关重要的文件，被誉为"两个纲领性文件"。

1964年10月16日下午3时，威力为2.3万吨TNT当量的我国第一颗原子弹爆炸成功！试验结果表明，我国第一颗原子弹从理论、结构、设计、制造到引爆控制系统、测试技术等均达到相当高的水平。

第一颗原子弹爆炸后，我国又接连取得核航弹、导弹核武器的成功，仅用两年时间就顺利完成原子弹研制的"三级跳"计划，快速实现了原子弹的武器化；同时，仅用2年8个月时间实现第一颗氢弹爆炸成功，发展速度是世界主要核大国中最快的。朱光亚作为技术总负责人在其中发挥了重要作用。

"我们不能只顾埋头搞武器研究"

1996年7月29日9时，在我国又一次地下核试验成功后，我国向全世界郑重宣布：从1996年7月30日起，中国暂停核试验。

全面停止核试验前后，朱光亚又多次敏锐指出，核武器技术的发展进入了一个新的历史阶段。他亲自指导核武器研究院和核试验基地开展禁试后科研发展方向的研讨论证，经中央批准后，很快启动了禁试后核武器技术的研究发展工作。

"我们不能两眼不看世界风云，只顾埋头搞武器研究。"朱光亚说。从20世纪80年代开始，他的工作面越来越宽。在国防科技领域，除继续指导核武器和核试验技术研究发展工作外，他还指导了潜艇核动力、核材料技术的研究发展，指导了国防科技与武器装备发展战略研究、武器装备预先研究、国防关键技术报告制定、国家安全重大基础研究、军备控制技术研究等重大工作，提出了许多战略性、前瞻性和创新性的重要思想和建议，为迎接世界新军事变革的挑战，实现我国国防科技和武器装备的跨越式发展做出了重大贡献。同时，按照组织上的安排，他还积极参与了国防高科技向民用转移为国家经济建设服务，以及"军民结合"发展我国高技术等方面的组织领导工作，特别是在我国核电技术发展、放射性同位素应用开发和863计划制定与实施方面发挥了重要作用。

（摘编自《五星红旗上永远有您的风采》，付毅飞，原载于《科技日报》，2011年2月28日。由文正整理）

黄旭华
许身深潜　科研报国

黄旭华（1926年3月— ），核潜艇研究设计专家，中国工程院院士。他隐姓埋名几十年，为我国核潜艇事业奉献了毕生精力，开拓了我国核潜艇的研制领域，为核潜艇研制和跨越式发展做出卓越贡献。1985年获国家科学技术进步奖特等奖。2019年获"共和国勋章"。2020年获2019年度国家最高科学技术奖。入选"庆祝中华人民共和国成立70周年大型成就展"1980—1989年英雄模范人物。

爱国，就要把个人命运和祖国命运紧紧联系在一起。

为我国核潜艇事业奉献一辈子，黄旭华将"惊涛骇浪"般的功勋"深潜"在人生大海中，终生报国不言悔。

黄旭华的一生，就是一部我国核动力潜艇的研制史。他呕心沥血，毕生致力于我国核潜艇事业开拓发展的精神令人动容；他锲而不舍，为我国核潜艇从无到有、跨越发展而不懈奋斗的拼劲催人奋进。

科学家精神 爱国篇

为祖国做贡献而默默无闻的人,祖国和人民不会忘记。在2020年1月10日举行的国家科学技术奖励大会上,中国第一代核潜艇总设计师、中国工程院院士、中国船舶集团所属719所名誉所长黄旭华荣膺国家最高科学技术奖。黄旭华说,最高科学技术奖这个荣誉属于千千万万船舶科研人。

与中国核潜艇结缘一生

黄旭华是谁,都干了什么?

在那个特殊年代,黄旭华与他从事的工作都是秘密。也正因这份工作的特殊性,更凸显出黄旭华科研工作的独特意义。

一辈子与核潜艇打交道,黄旭华都做过什么?只顾躬身向前,他本人并没有总结过功劳,但他身边的同行、同事却看得清清楚楚。大家说,中国核潜艇的昨天、今天和明天都贯穿着黄旭华的身影,这就是他的科研人生。

科研没有坦途和捷径。黄旭华一辈子痴迷于核潜艇研究,尽管科研条件艰苦,但因为热爱,他在苦中品尝到了甜。"科研是追求真理,充满无限魅力,一旦有突破,其乐无穷。"黄旭华说。

对中国人来说,研制核潜艇是前无古人的伟业,定会遇到的艰难险阻,黄旭华一开始就有心理准备。

1958年,他从上海到北京报到后,支部书记同他谈话,说了3点:一是"你被选中,说明党和国家信任你";二是"这项工作保密性强,这个工作领域进去了就出不来,犯了错误也出不来,出来了就泄密了";三是"一辈子出不了名,当无名英雄"。

越有成绩,越要把自己埋得更深。领导对他说:"你能适应这种工作吗?"黄旭华毫不犹豫地回答:"能适应,而且是自然适应。"

科研是有灵魂的，这个灵魂就是真挚的爱国精神和无私的奉献精神。尽管知道一辈子只能当无名英雄，黄旭华还是热情高涨。

一个好的足球运动员面对球门唯一的念头就是进球，这种强烈的求胜之心是任何困难都无法阻挡的。

黄旭华做科研攻关也是如此。一没专业人才，二没专业基础，三没技术资料。尽管研发之路步履维艰，但黄旭华抱着必胜的信心。1958年，黄旭华和同事一起，开始了核潜艇研制这一为国铸剑的伟业。

为中国核潜艇自力更生

20世纪60年代，核潜艇研制之难是难以想象的，几乎所有的工作都是从零起步。黄旭华面对的不仅是技术难题，更是从何处下手，从哪儿打开工作局面的方法问题。

破局之道考验决心，更考验领导能力和智慧。

中华民族奋斗和进取的基石是自力更生，这是新中国从一穷二白到实现伟大跨越的经验总结。

对黄旭华来说，自力更生不仅意味着毅然奋起的果敢行动和百折不挠的决心，更体现在为了成功，开动脑筋，因地制宜，结合工作实践自创了许多科研机制，这些机制看似简单，却行之有效。

思想认识是打开工作局面的总开关。面对一时难以解决的困难和错综复杂的矛盾，黄旭华与干部职工从《矛盾论》和《实践论》两篇哲学著作中汲取智慧，把实践是第一要素和抓好主要矛盾的基本观点应用到核潜艇研制工作中。

统一思想认识后，黄旭华开始组织大家调查研究。他告诫大家，收集资料时要带上"三面镜子"：用"放大镜"，沙里淘金，追踪线索；用"显微镜"，去粗取精，看清实质；用"照妖镜"，鉴别真假，去伪存真。

科学家精神 爱国篇

黄旭华还运用系统论思想,悟出了"在综合上发展就是创新""综合出尖端"的融合创新之道。他说,越是复杂的尖端工程,越是要利用成熟的技术加以综合集成提高,特别是总体研究设计,更要在综合运用上做文章、下功夫。

一个团队,若人人都自力更生、艰苦奋斗,这必将是一个欣欣向荣、充满战斗力的团队。一个国家,若人人都不等不靠、主动作为,这必将会成为一个伟大的国家。

科研条件不具备,可以先启动相关基础工作,边干边创造条件。面对困难,黄旭华又提出"骑驴找马"的工作思路,通过走出去"种菜"的办法提升科研能力。

黄旭华和一代艇的科技人员长期在协作单位蹲点"种菜",开展工作。他们先后派出200多名科技人员,到工地去"种菜",按照艇的总体设计要求,在工地上和施工方、用户方共同完善设计、处理施工问题。

面对国外严密的技术封锁,黄旭华带领团队自力更生、艰苦奋斗,一路攻克种种技术难关,突破了核潜艇最关键、最重大的多项技术,让茫茫海疆有了中国的"钢铁蛟龙"。

黄旭华　许身深潜　科研报国

为中国核潜艇以身试险

回顾黄旭华科研工作的不易，他的同事、学生和亲属不约而同提到了1988年那次期待已久的深潜试验。

深潜试验追求的是极限下潜，将下潜到设计的极限深度，这个深度预示着会有很大的危险。有美国"长尾鲨"号核潜艇深潜遇难的前车之鉴，为确保这次深潜不出意外，各有关单位做好了充足准备。然而，准备工作越充分、越周全，参试人员的精神压力也越大。

试验前，核潜艇总体建造厂为参试同志拍了"生死照"，万一失败则做个"最后的留念"。参试的年轻艇员满腔热血，有的甚至写好了遗书。

看到这个情况，当时年过花甲的黄旭华立即做出一个惊人的决定：亲自参与深潜！

核潜艇的总设计师亲自参与深潜，这在世界上尚无先例。单位领导得知后，劝黄旭华不要亲自深潜，但黄旭华却坚持参加。他说："深潜不是冒险，我对它有信心。而且，万一还有哪个环节疏漏了，我在下面可以及时协助艇长判断和处置。"

黄旭华的决定得到了夫人李世英的支持。李世英与黄旭华一起工作几十年，深知深潜的重要和风险。她宽慰黄旭华说："你是总师，当然要下去，否则将来怎么带这支队伍？你下去，没事的，我在家里等你！"

作为黄旭华的学生，1985年参加工作的中国船舶首席技术专家张锦岚对这次深潜印象深刻。"深潜试验是有风险，但有风险不是冒险，是有信心，要拿数据，是紧张不是害怕。"张锦岚说，各方面为这次深潜做了周全的准备和预案，漏水了怎么办，故障了怎么办，变形了怎么办，总计准备了28套500多条应急处置的预案。

事实证明，一代核潜艇的设计、建造都达到了预期。中国人民海军潜艇史上首个深潜纪录由此诞生，中国核潜艇的总设计师随同首艇一起深潜也成为佳话。

在试验艇起浮的过程中,艇上的《快报》请黄旭华题字,激情澎湃的他一挥而就:"花甲痴翁,志探龙宫;惊涛骇浪,乐在其中。"

古人云:"行之以躬,不言而信。"率先垂范,体现的是一种态度,树立的是一面旗帜,展现的是一种作风,凝聚的是一种力量。

黄旭华以身试险,亲自下潜,让全体参与人员在技术上有了主心骨,在精神上是对全体参试人员的巨大鼓舞。中国核潜艇研制周期之短,为世界核潜艇发展史上所罕见,这和黄旭华团队的勇于开拓、忘我奉献是分不开的。

黄旭华是国防科技战线上无数无名英雄的缩影,一旦"许国",便隐姓埋名、无声奉献。黄旭华和老一代核潜艇人用自己的人生经历,完美诠释了"自力更生、艰苦奋斗、大力协同、无私奉献"的核潜艇精神,这种精神必将感召一代又一代年轻人肩负起历史赋予的重任,献身国防科技事业!

(摘编自《许身深潜 科研报国——访2019年度国家最高科学技术奖获得者黄旭华》,凌纪伟,原载于新华网,2020年1月10日。由杨杨整理)

顾方舟
给国人造一艘远离脊灰的方舟

顾方舟（1926年6月—2019年1月），著名医学科学家、病毒学家。长期从事脊髓灰质炎减毒活疫苗研究，建立了脊髓灰质炎病毒的分离与定型方法，制定了脊髓灰质炎活疫苗的试制与安全性标准。我国脊髓灰质炎疫苗研发生产的拓荒者、科技攻关的先驱者，研发的脊髓灰质炎疫苗"糖丸"护佑了几代中国人的生命健康，让中国进入无脊髓灰质炎时代。2019年，被追授"人民科学家"国家荣誉称号。

他被孩子们亲切地称为"糖丸爷爷"。他就是我国著名医学科学家、病毒学专家，中国医学科学院原院长——顾方舟。一粒小小的糖丸，承载的是很多人童年里的甜蜜记忆。但很多人不知道的是，这粒糖丸里包裹着的是一位"糖丸爷爷"爱国为民，为抗击脊髓灰质炎而无私奉献的艰辛故事。

科学家精神 爱国篇
SPIRIT OF SCIENTISTS

服从国家需要，投身公共卫生事业

顾方舟对于传染病有切肤之痛。他5岁时，在天津海关工作的父亲就死于一种传染病，当时年仅33岁。父亲英年早逝，很快导致家道中落。母亲为了养活4个孩子，克服种种困难考取了助产士执照，并在天津挂牌开业。顾方舟在1944年考入了北大医学院。顾老曾说："我学医是母亲的心愿。母亲常说，当医生是人家求你，不是你求人家。"

顾方舟的学生时代，中国正处于内忧外患的战乱之中，他积极投身于爱国学生运动，和进步学生一起组织剧社，经常开展宣传活动，并在北平解放前夕秘密加入了中国共产党。从此，他就将个人命运和国家紧密结合在一起。在他求学期间，当时中国老百姓面临的卫生环境恶劣，导致多种疾病流行，而且死亡率很高，顾方舟对百姓深受疫情之害倍感痛心，在公共卫生专家严镜清先生的影响下，毅然选择了从事公共卫生事业。

在面对毕业后的选择时，别人曾对他说，你的手很巧，应该去当外科医生。他却说，外科医生能治几个病人呀！公共卫生对我们多重要呀！做好了受益的就是一大片！毕业后，顾方舟于1951—1955年赴苏联留学，在苏联医学科学院病毒学研究所获得医学科学副博士学位。

1955年，有一种传染性疾病第一次在中国大流行，在江苏南通共收到1680例临床报告,其中有466人死亡,患者大多是0~7岁的儿童。感染了这种病后,最终会导致肢体残疾甚至死亡。这种可怕的传染性疾病就是脊髓灰质炎,俗称"小儿麻痹症"。当时中国医学界对此病还一无所知。疫情逐渐蔓延到上海、济南、青岛等多个地方。几年后甚至蔓延到了广西南宁,与江苏南通相比,该病的发病率暴增。七八月份的南宁,正值酷暑,但人们谈疫色变,不顾天气闷热,家家户户都把窗户关起来,不让孩子出门。

中国有很多儿童因脊髓灰质炎而瘫痪。有一次,一位母亲费尽周折带着孩子来到北京,找到顾方舟求助:"大夫!我的孩子一条腿已经瘫痪了,您看有什么办法吗?"面对急迫且充满期待的眼神,顾方舟却只能无奈地告诉家长,这个病只能到医院去做外科手术,没有什么特效的药。那位母亲的失望和无助深深地刺痛了顾方舟的心。

1957年,31岁的顾方舟临危受命,开始了脊髓灰质炎的研究工作。他下定决心、义无反顾地说:"交给我这个任务,我想无论如何也得把它完成。"顾方舟和同事们面对艰苦的科研条件,克服各种困难,创造性地解决各种问题,带领研究小组完成了脊髓灰质炎的流行性分析,于1958年用猴肾组织培养技术在国内首先分离出脊髓灰质炎病毒,并从病原学上证明南通疫情是一次以Ⅰ型脊髓灰质炎病毒为主的大流行,为脊髓灰质炎的防治打下了良好基础。

为国家甘冒风险,走"活疫苗"道路

研制疫苗是防治脊髓灰质炎唯一的办法。1959年3月,顾方舟等人受命赴苏联考察脊髓灰质炎疫苗研发。

在莫斯科考察期间,一场关于两种脊髓灰质炎疫苗的争论正在学术会议上展开。一种是美国研制出的死病毒疫苗,另一种是美苏联合研制的减毒活病毒疫苗。死病毒疫苗的成本高,是减毒活疫苗的百倍,免疫效价低,但是安全性好，用了以后没有副作用。减毒活疫苗的成本低，免疫人群的保护效果好，但刚研制出的活疫苗还未进行临床试验，其安全性受到高度质疑，尤其担心活疫苗使用后有可能出现毒力返祖现象。

一个重大抉择摆在了顾方舟面前，是选择死疫苗技术路线还是选择活疫苗技术路线呢？经过深思熟虑后，顾方舟认为当时我国人口众多，生产力也并不发达，应该走活疫苗路线。他认为从理论上来说，活疫苗不但能够消灭脊髓灰质炎，而且经济上国家能承担得起。顾方舟的建议得到了国家的赞同和支持。

在苏联考察时，苏联专家向顾方舟赠送了一些美苏研制的疫苗原液。他如获至宝，立即返程回国开展实验。虽然有了一些疫苗原液，但美苏两国对重要的实验数据却是严格保密的。归根到底，在重大科学技术面前，我们必须依靠自己的力量，走自力更生的创新道路。1959年12月，经原卫生部批准，由顾方舟任组长的脊髓灰质炎活疫苗研究协作组成立。

顾方舟制订了两步走的疫苗研制计划，即第一步的动物试验和第二步的临床试验。在动物试验通过后，进入了更为关键的临床试验阶段。临床试验又分为Ⅰ、Ⅱ、Ⅲ期。经过艰苦的努力，1960年3月，第一批减毒活疫苗试制成功。经过动物试验，证明疫苗在动物身上是安全有效的。但接下来的疫苗Ⅰ期临床试验需要先在少数人身上试用。冒着有可能瘫痪的风险，顾方舟和同事们亲自验证活疫苗的安全性，他和研究室的同事们以身试药，义无反顾地喝下了疫苗，经过一周的观察，他们的身体没有出现异常，初步证明疫苗在成人身上是安全的。但成年人大多已经对脊髓灰质炎病毒有了免疫力，要想验证疫苗的安全性，必须在儿童身上做实验。谁会愿意冒着难以预料且无法承受的风险，忍心拿自己的孩子做试验呢？这成了顾方舟面临的一个大难题。顾方舟的大儿子那时刚好不到一岁，正好符合试验条件。他竟然做出了一个常人难以想象的决定，毅然瞒着妻子，给儿子喝下了疫苗！许多研究人员被顾方舟的行为感动了，纷纷决定让自

顾方舟　给国人造一艘远离脊灰的方舟

己的孩子参与实验。顾方舟后来回忆道，给孩子们喝疫苗，老实说心里也有点打鼓，这东西说是没问题，但万一有问题就不好交代，最坏的后果就是导致小儿麻痹，孩子腿不行了或者是胳膊不行了，但即使有风险，也豁出去了，也只能这样了，不然的话试验没法进行，你自己的孩子都不敢吃，怎能让别的孩子去吃去呢！

那段日子也是顾方舟做父亲最细心的时候，孩子出去玩，他会远远望着，晚上孩子睡觉，他也会守在床边。孩子们的每一个喷嚏、每一声咳嗽，都让家长们心惊胆战。"孩子还好吧？"成为顾方舟和同事们每天见面的第一句话。一个月的测试期在提心吊胆的煎熬中慢慢过去，孩子们都没有出现任何问题，证明了疫苗是安全的。随后，Ⅱ期临床实验也顺利通过。1960年12月，在北京、上海等11个城市开展Ⅲ期临床实验，近500万个孩子服用疫苗，取得很好的流行病学效果。

自1958年起，顾方舟和同事们一起来到云南昆明，在西郊荒芜的玉案山上，克服没路、没水、没电等各种困难，自力更生，建起了猿猴繁育基地，开展脊髓灰质炎疫苗的实验和生产。这里后来成为中国医学科学院医学生物学研究所。

全中国的孩子一个也不能少

在顾方舟的脊髓灰质炎免疫策略中，全中国的孩子一个也不能少。疫苗口服率要达到95%才能形成免疫屏障。这意味着，远在青藏高原、西北大漠、西南深山中的孩子都要无一例外服用疫苗，稍有疏漏，病毒就有可能重新开始传染。为了防止疫苗失去活性，需要冷藏保存，但当时中国尚无疫苗冷链运输，这为疫苗覆盖到全国的中小城市、农村和偏远地区增加了很大难度。此外，液体疫苗装在试剂瓶中运输也很不方便。

有一天，下班后回到家中的顾方舟仍在思考免疫策略问题，儿子看着他，他顺手拿起桌上的糖果，在儿子面前晃了晃，儿子就伸出小手来抓，急迫的样子让他一下有了灵感。

"为什么不能把疫苗做成糖丸呢？"这一念头涌上顾方舟心头。自此，顾方舟开始了疫苗糖丸的研究。

经过一年多的研究测试，脊髓灰质炎糖丸疫苗研制成功了。糖丸疫苗在保存了活疫苗病毒效力的前提下，延长了保存期——常温下能存放多日。为了让偏远地区也能用上糖丸疫苗，顾方舟还想出了一个运输疫苗的"土办法"——将冷冻的糖丸疫苗放在保温瓶中。

糖丸疫苗的推广，让脊髓灰质炎的年平均发病率从 1949 年的 10 万分之 4.06，下降到 1993 年的 10 万分之 0.046，使数以万计的儿童免于致残。2000 年，世界卫生组织宣布西太平洋地区已经消灭脊髓灰质炎。同年，"中国消灭脊髓灰质炎证实报告签字仪式"在北京举行，已经 74 岁的顾方舟作为代表，签下了自己的名字。我国从此成为无脊髓灰质炎国家。

从无疫苗可用到消灭脊髓灰质炎，顾方舟一路艰辛跋涉。当人们对他说，他护佑了数千万中国儿童的未来时，顾方舟并没有感到高兴。"如果我早一点研究出疫苗，就能治好更多人，还有许多孩子我没有救回来。"在一次采访时，面对镜头的顾方舟一度哽咽。

"我一生只做了一件事，就是做了一颗小小的糖丸。"这是"人民科学家"顾方舟最朴素的话语，这也是他最真挚、最伟大的心声。他用一生的时间，为中国几代人构筑起远离脊髓灰质炎的方舟，这一方舟也将会载着他对国家和人民的热爱护佑更多儿童。

（改编自《顾方舟：给国人造一艘远离脊灰的方舟》，张佳星，原载于《科技日报》，2019 年 10 月 24 日。由张闫整理）

于　　敏
祖国利益高于一切

于敏（1926年8月—2019年1月），核物理学家，中国科学院院士。在氢弹原理突破中解决了热核武器物理中一系列基础问题，提出了从原理到构型基本完整的设想，起了关键作用。其所提出的氢弹构型被称为"于敏构型"。长期领导并参加核武器的理论研究、设计，解决了大量关键性的理论问题。1985年、1987年和1989年各获一项国家科学技术进步奖特等奖。1999年被授予"两弹一星"功勋奖章。2015年获2014年度国家最高科学技术奖。2019年获"共和国勋章"。入选"庆祝中华人民共和国成立70周年大型成就展"1970—1979年英雄模范人物。

离乱中寻觅一张安静的书桌，未曾向洋已砺就了锋锷。受命之日，寝不安席，当年吴钩，申城淬火，十月出塞，大器初成。一句嘱托，许下了一生；一声巨响，惊诧了世界；一个名字，荡涤了人心。

科学家精神 爱国篇

不为物欲所惑,不为权势所屈,不为利害所移,宁静致远,淡泊明志,终成一番大业。他就是中国科学院学部委员(院士)、国家最高科学技术奖获得者、"共和国勋章"获得者于敏。

生前面对荣誉,于敏始终淡然处之,他说:"一个人的名字,早晚是要没有的,能把微薄的力量融进祖国的强盛之中,便足以自慰了。"

肩负重任,祖国的需要高于一切

"非宁静无以致远",是于敏生前特别喜欢的格言,也是他事业和人生的写照。

其实,于敏自己也没想到这辈子会与氢弹结缘,更没想过个人与国家的命运会紧紧联系在一起。当时,正在中国科学院原子能研究所工作的他,原本以为会在钟爱的原子核理论研究道路上一直走下去。

然而,一次与时任二机部副部长、原子能研究所所长钱三强的谈话,让他的人生发生了重大转变。1961年1月的一天,雪花飘舞,于敏应邀来到钱三强的办公室。一见到于敏,钱三强就直言不讳地说:"经所里研究,报请上级批准,决定让你参加热核武器原理的预先研究,你看怎样?"

对于一个刚刚崭露头角的青年科学家来说,这次转身意味着巨大牺牲,因为核武器研制集体性强,需要隐姓埋名常年奔波。

尽管如此,于敏还是不假思索地接受了任务。从此,于敏的名字"隐形"长达28年。惊天的事业,沉默的人生,这句话浓缩了于敏与核武器研制相伴的一生。

在研制核武器的权威物理学家中,只有于敏未曾留过学。一个日本代表团访华时,称他是"土专家一号"。于敏对此颇多感触:"在我国自己培养的专家中,我是比较早成熟起来的,但'土'字并不好,有局限性。"于敏说,科学研究需要各种思想碰撞,在大的学术气氛中,更有利于成长。

于　敏　祖国利益高于一切

由于保密和历史的原因，于敏直接带的学生不多。

培养的唯一博士研究生蓝可毕业时，于敏亲自写推荐信，让她出国工作两年，开阔眼界，同时不忘嘱咐："不要等老了才回来，落叶归根只能起点肥料作用，应该开花结果的时候回来。"

百日会战，拿出中国自己的氢弹构型方案

在国际上，氢弹是真正意义上的战略核武器，氢弹研究被核大国列为涉及国家安全的"最高机密"。

没有任何经验可以借鉴。于敏虽然基础理论雄厚，知识面宽，但对系统复杂的氢弹仍然陌生。

1965年9月底，于敏带领理论部几十位同志一起去上海华东计算技术研究所做计算物理实验，计算哪一个氢弹原理是可行的。创造历史的"百日会战"开始了。

当时计算机性能不稳定，机时又很宝贵，不到40岁的于敏在计算机房值大夜班（连续12小时），一摞摞黑色的纸带出来后，他趴在地上看，仔细分析结果。

核武器的结构有很多层，各种材料爆炸以后，每一个时间点、空间点上，

181

都有它的温度、速度、压力、加速度等物理量。于敏突然发现,某个量从某个点开始突然不正常了。大家马上去查原因。杜祥琬去查方程、参数,没有发现错误;做计算数学、编程序的人去查原因,也没发现错误。最后检查发现,原来一个加法器的元件坏了,换掉这个晶体管,物理量马上就正常了。

最终,于敏挑出了3个用不同核材料设计的模型,并且剥茧抽丝,让氢弹构型方向越来越清晰,他带领团队形成了从原理、材料到构型完整的氢弹物理设计方案。

爆炸成功,创下中国速度

于敏从事的是武器理论设计工作,但他对实验相当重视。为了研制第一代核武器,于敏八上高原,六到戈壁,拖着疲弱的身子来回奔波。

1966年12月28日,我国首次进行氢弹原理试验。为确保能拿到测试结果,试验前于敏顶着戈壁滩零下三四十摄氏度的刺骨严寒,半夜爬上102米的铁塔顶端,检查和校正测试项目屏蔽体的摆置。

西北核武器研制基地地处青海高原,于敏高原反应非常强烈。他每餐只能吃下一二两米饭。食无味、觉无眠,从宿舍到办公室只有百米,有时要歇好几次,吐好几次。即便如此,他仍坚持到技术问题解决后才离开基地。

1967年6月17日,罗布泊沙漠腹地,一朵巨大无比的蘑菇状紫色烟云产生的强烈冲击波卷起沙尘,以雷霆万钧之势横扫戈壁滩。

我国第一颗氢弹爆炸成功了。那一刻,于敏并没有在现场,而是在2500多公里外的北京。一直守在电话机旁的他得知爆炸的威力和自己计算的结果完全一致时,长长地舒了口气。

从第一颗原子弹成功爆炸到第一颗氢弹爆炸成功,我国仅仅用了两年零 8 个月，创下了全世界最短的研究周期纪录。这对超级大国的核讹诈、核威胁是一记漂亮的反击。

敏锐严谨，让核武器科研少走弯路

1999 年，《纽约时报》以 3 个版面刊出特稿：中国是凭本事还是间谍来突破核武发展？

当时接受记者采访时，于敏指着报道中的一句话——"不用进行间谍活动，北京可能已经自力更生实现了自己弹头的小型化"对记者说："这句话说对了，重要的是'自力更生'，我国在核武器研制方面一开始定的方针就是'自力更生，艰苦奋斗'。"他话锋一转，继续说："但我们不是'可能'，是'已经'实现了小型化。"

20 世纪 60 年代以来，于敏承担的全是体现国家意志的科研任务，不能有丝毫的疏漏和马虎。他的治学作风极为严谨，这不仅是科学家的基本素质，也源于他对事业的高度负责精神。

第一颗氢弹只是试验装置，尺寸重量较大，还不能用作导弹运载的核弹头，属于第一代核武器。要与运载装置导弹适配，核装置还必须提高威力并小型化，发展第二代核武器，难度大大增加。

20 世纪 70 年代末 80 年代初，因为种种原因，一大批优秀的科学家和科技骨干相继调离，于敏被任命为核武器研究院副院长兼核武器理论研究所所长，全面负责领导突破二代核武器初级和次级原理，发挥两个至关重要的作用：决策、把关。

干着第一代，看着第二代，想着第三代甚至第四代，于敏对核武器发展有着独到的眼光和敏锐的判断。

相比美苏上千次、法国 200 多次的核试验次数，我国的核试验次数仅为 45 次，不及美国的 1/25。这一定程度上应归功于于敏。核试验用的材料比金子还贵,每次核试验耗资巨大,于敏选择了既有发展前途,又踏实稳妥的途径,大多时间是在计算机上做模拟试验,集思广益,保证了技术路线几乎没有走过弯路。

(摘编自《于敏:惊天事业,沉默人生》,陈瑜,原载于《科技日报》,2019年9月24日。由崔静整理)

孙家栋
问苍穹　探月宫
家国栋梁

孙家栋（1929年4月—），运载火箭与卫星技术专家，中国科学院院士，国际宇航科学院院士。先后领导和参加中国第一枚自行设计的液体中近程弹道地地导弹与液体中程弹道地地导弹的研制试验工作。在中国第一颗人造地球卫星的研制中，作为技术总负责人，主持完成卫星总体和各分系统技术方案的修改工作。他为中国"东方红一号"卫星发射成功做出了重要贡献。1985年获国家科学技术进步奖特等奖。1999年被授予"两弹一星"功勋奖章。2010年获国家最高科学技术奖。2019年获"共和国勋章"。入选"庆祝中华人民共和国成立70周年大型成就展"1970—1979年英雄模范人物。

作为资深航天专家，孙家栋亲历、见证、参加、领导了中国航天从起步到发展的全部过程，他是我国第一代多个首发卫星技术负责人、总设计师，他是我国多项重大航天工程大系统总统计师，他领导下所发射的卫星，

科学家精神 爱国篇

几乎占到中国航天飞行器总数的 1/3。

如今已是耄耋之年的孙家栋，还有一个梦想，就是让"中国航天的触角能够伸向更加遥远的太空"。

服从国家需要，踏上航天路

1958 年 4 月，孙家栋从苏联归国，被分配到当时国防部五院一分院（中国运载火箭技术研究院的前身）总体部，那年"五一"前，他第一次见到了时任五院院长的钱学森。当时钱学森经常到总体部检查工作，并亲临设计现场和大家讨论问题，对快速进步的孙家栋青睐有加，两人的接触次数逐渐多了起来。

两年后，我国科技人员跟着钱学森走出了一条独立自主发展的航天之路，用国产燃料成功发射了首枚近程弹道导弹。那时孙家栋已经担任了导弹型号总体设计室主任。

1967 年，在钱学森力荐下，孙家栋由火箭转到卫星，担任我国首颗卫星总体技术总负责人，领导"东方红一号"卫星的研制工作。从此，他开始在新的舞台上大展身手，从"东方红一号"到"嫦娥一号"，在中国飞上太空的 100 多颗卫星中，由他负责抓总研制发射的卫星就有 30 多颗。

勇克困难奏响东方红

1967 年 7 月 29 日，北京正值盛夏，骄阳似火。

在这个酷热的午后，孙家栋正伏案进行导弹设计。为了不让汗水滴到图纸上，他用一条毛巾围住脖子，其状颇为古怪。

一位不速之客推门而入，开门见山："我是国防科委的汪永肃参谋。为了确保我国第一颗人造卫星的研制工作顺利进行，中央决定组建中国

孙家栋 问苍穹 探月宫 家国栋梁

空间技术研究院,钱学森院长向聂荣臻推荐你了,根据聂老总的指示,决定调你去负责卫星的总体设计工作。"

于是,孙家栋便去新岗位报到了。

发射卫星是一个庞大而复杂的系统工程。1957年10月4日,苏联成功发射了人类首颗人造卫星;次年5月17日,毛泽东在中共八大二次会议上发出号召:"我们也要搞人造卫星!"随后,聂荣臻委派钱学森及当时中国科学院党组书记张劲夫、国防部五院副院长王铮负责卫星规划。然而由于正值三年经济困难时期,卫星任务受到了影响,中央决定调整空间技术计划,把工作重点转向研制探空火箭。直至1965年,国家重新开始制订卫星计划,并确定了于1970年发射,卫星要"上得去、抓得住、听得到、看得见"的总体目标。

孙家栋参与进来时,时间已十分紧迫。如何尽快组建卫星总体设计部?如何按工程的研制规律一步步往下走?各系统怎样连接起来?连接起来后又怎样做试验?一个个难题摆在面前,他决定从组建队伍抓起。孙家栋以搞卫星需要为标准,经过详细考察,从不同专业角度和技术特长出发,最终选定了戚发轫等18人,这就是中国卫星发展史上有

187

名的"十八勇士"。

"十八勇士"的加入,使卫星总体设计部如虎添翼。攻克重重难关后,卫星初样在1969年10月基本告成。1970年4月24日,"东方红一号"卫星发射成功,奏响了中国人向太空迈进的序曲。卫星上的全部元器件、设备和材料,以及许多理论和技术难关的攻克,都是中国自己的产品和成果,它是中华民族智慧和精神的结晶。

友情客串火箭出国门

1976年12月,孙家栋以中国航天专家的身份,随团赴法国、联邦德国、荷兰、意大利等国家的航天部门考察访问,了解欧洲空间技术的发展水平。此后,他开始频繁地参与国际交流活动。

通过一次次对外接触,他增长了见识,在国际上树立中国航天大国的思路逐渐充实。

1985年10月,我国政府庄严宣布:中国的运载火箭将投入国际市场,承揽对外发射业务。这一消息在国际上迅速引起强烈反响。几乎在同时,经中央批准,孙家栋升任航天工业部副部长,又一次受命于中国航天发展的关键时刻。

发射外星是带有商业性质的国际技术合作,中国航天人不仅要懂得研制火箭发射卫星,也必须学会与国外商家打交道,孙家栋又客串起"生意人"的角色。其中,争取美国政府发放"亚洲一号"卫星许可证是他谈判生涯中的精彩之笔。

1988年,香港亚洲卫星公司购买了美国休斯公司生产的通信卫星,起名"亚洲一号",并准备让中国的"长征三号"运载火箭将其送入太空。但卫星要从大洋彼岸运到中国,必须有美国政府发放的出境许可证。争取许可证的使命便落到了孙家栋的肩上。

当年10月，他代表中国与美国签订了《卫星技术安全》和《卫星发射责任》两个协议备忘录。但因双方对若干国际贸易问题存在较大分歧而未达成最终的协议。11月，第二轮会谈，谈判桌从北京搬到了华盛顿，孙家栋作为代表团团长再次领命出征。

谈判中，面对美方咄咄逼人的气势，他毫不示弱，据理力争，坚决反驳"中国发射外星扰乱国际商业发射市场"论。因为圣诞节即将来临，美方代表大多订了12月20日外出旅游度假的机票，无心恋战。孙家栋抓住对方的心理，制定了"拖住不放"的战术，一直谈到19日，终于签署了协议。谈及此事，他笑道："当时在楼上都能听到美方代表的妻子、孩子等着出发，急不可待的说话声。"

次年1月，中国长城工业公司与香港亚洲卫星公司在人民大会堂正式签署了卫星发射服务合同。聂荣臻听说此事，拉着孙家栋的手高兴地说："中国能为世界上科技最发达的美国发射卫星，是一件很了不起的事。发射外国卫星对于中国航天事业来讲是具有划时代意义的。"

1990年4月7日，西昌卫星发射中心内，气氛紧张得让人窒息。"我一生中亲历过数十次发射现场，但那一次格外紧张。"孙家栋说，"当时大厅内一片寂静，我除了能听见自己的心跳，甚至还能感觉到周围人的心跳。"

21时30分，"长征三号"运载火箭雷霆般呼啸着拔地而起，21分钟后，精确地将"亚洲一号"卫星送入预定轨道。现场的美方专家叹道："没想到中国的运载火箭能达到这样的水平！"

后来回想起当时的情景，孙家栋依旧百感交集："我突然想到小时候，老人常说'洋火、洋油、洋车'，身边到处是外国产品。终于，我们的火箭能发射美国卫星了，那种激动与自豪，难以用语言形容。"

科学家精神 爱国篇

嫦娥终奔月，老将为国再挑重担

刚进入21世纪，时任国防科工委副主任、国家航天局局长的栾恩杰开始频繁联系孙家栋，两位在业内极具影响力的"老航天"一拍即合。他们认为，按照国家当前的技术水平和经济实力，完全可以开展月球探测工程，只要能正确把握需求牵引关系，即可着手考虑工程实施的大思路。紧接着，他们又把几十年来对月球资源应用有着浓厚兴趣的欧阳自远找来，一起谋划该工程的框架。

几经酝酿，2000年10月栾恩杰在"世界空间周"庆祝大会上宣布："在空间探测方面，将实现月球探测……"这是中国高层首次向外界表露探月的决心。

2004年，绕月探测一期工程正式启动。已经75岁的孙家栋接受了新的挑战，出任工程总设计师，此举让周围的人十分敬佩。

时任中国探月工程副总设计师的张荣桥说："许多人到了孙老那个年纪，取得了那么多荣誉，通常都会有'保持晚节'的心态，而孙老却敢于承担风险，勇挑重担，让我们这些后辈深受鼓舞。"

孙家栋不愧是航天工程领域的大师，担任五大系统总设计师后，他不但提出了工程研制的指导思想，确定了工程目标和工程总体方案，对工程各大系统的技术途径做出重要决策，主持解决了多项关键技术问题，甚至在许多细节上都做出了周全的考虑。在他的勾画下，庞杂的工程变得井然有序。

"嫦娥一号"卫星系统副总指挥龙江曾说："孙老知识渊博、视野宽广，除了能控制全局外，还能把握关键。""嫦娥一号"卫星在近月点刹车是非常关键的环节，孙家栋对此非常关注。当科研人员还在做一些常规工作时，他已经把这些关键点剖析出来，令大家钦佩不已。

2007年10月24日，"嫦娥一号"成功发射；10月31日，卫星按预定的时间、位置、速度成功进入地月转移轨道，标志着"嫦娥一号"卫星开始进入奔月之旅；11月7日，"嫦娥一号"成功实施了第三次近月制动，成功进入环月工作轨道。"嫦娥一号"卫星成功进入环月轨道后，开始了对月球的科学探测，地面接收系统对探测数据分析处理后，成功地制作出了清晰的月球图片，中国拥有了属于自己知识产权的第一颗绕月卫星。

（摘编自《孙家栋：问苍穹 探月宫 家国栋梁》，付毅飞，原载于《科技日报》，2010年1月12日。由张闫整理）

周光召
矢志不渝强国梦

周光召（1929年5月—），理论物理、粒子物理学家，中国科学院院士。主要从事高能物理、核武器理论等方面的研究并取得突出成就。在中国原子弹、氢弹和战略核武器的研究设计方面做了大量重要工作，为中国物理学研究、国防科技和科学事业的发展做出了突出贡献。严格证明了CP破坏的一个重要定理，最先提出粒子螺旋度的相对论性，并于1960年简明地推导出赝矢量流部分守恒定理（PCAC）。1999年被授予"两弹一星"功勋奖章。入选"庆祝中华人民共和国成立70周年大型成就展"1970—1979年英雄模范人物。

从1961年到1979年，在将近20年的时间里，周光召把一生最富于创造力的岁月奉献给了我国的核武器研制事业。当年他以拳拳报国之心，舍弃在国外已经取得的斐然成绩，毅然回国，与一批杰出科学家合作，参与了中国第一颗原子弹和第一颗氢弹的研制，并领导了"两弹"突破后的核武器理论研究。他以深厚的理论素养，开阔的胸怀和视野，为我国核武器科技事业做出了卓越贡献。

学术成就蜚声世界

周光召生于1929年，父亲周凤九曾是湖南大学教授，被称为"湖南公路界泰斗"。受父亲影响，周光召从小就对自然科学特别是电机很感兴趣。但1945年美国在日本投下两颗原子弹改变了他专攻电机的初衷，转而对核武器产生了浓厚兴趣。

1947年，他以优异成绩考入清华大学物理系，有幸得到周培源、钱三强等教授的栽培。1951年考取研究生，1952年转入北京大学研究生院，师从彭桓武教授，从事基本粒子物理研究。1952年6月加入中国共产党。1954年于理论物理专业研究生毕业，留校任物理系讲师。

1957年春，周光召被国家派往莫斯科杜布纳联合核子研究所，任中级研究员，从事高能物理、粒子物理理论研究。有一次，各国科学家聚集在一起讨论学术问题时，一位外国教授报告了自己关于相对性粒子自旋问题的研究结果。讨论的时候，周光召说出了相反的

意见，那位教授发火了。此时，周光召并没有辩驳。过后，他花了3个月的时间，一步一步地验证自己的看法，随后写成题为《相对性粒子在反应过程中自旋的表示》的论文，发表在国际著名的学术刊物《理论和实验物理》上。随后，美国科学家也得出了相似的研究结果。

在莫斯科学习的3年时间里，周光召在国际上首先提出著名的"粒子自旋的螺旋态"理论，又提出弱相互作用的"赝矢量流部分守恒定理"，直接促进了流代数理论的建立。在苏联期间，共发表30多篇论文，两次受到研究所的奖励，他的名字从此蜚声中外。

为国沉默十八载

1959年，我国刚刚起步的核武器研制事业被迫走上自力更生的道路。当时，周光召正在苏联杜布纳联合原子核研究所工作，他在高能物理方面的杰出成就已经蜚声国际，但他坚决要求立即回国。他在致二机部负责人的信中表示："作为新中国培养的一代科学家，我愿意放弃自己搞了多年的基础理论研究工作，改行从事国家急需的工作，我们随时听从祖国的召唤。"

1961年2月，周光召回国，5月被任命为核武器研究所理论部第一副主任，和彭桓武、邓稼先等一批知名科学家一起从事科研工作。自此，他全身心投入到一个全新的研究领域中。

研制核武器需要绝对保密和安全。为了这项超级机密的任务，周光召这位著名物理学家从此在世界学术界"消失"，开始了长达18年隐姓埋名的国防科研生涯。当时，周光召所有国际上的朋友一下子突然与之失去联系，且长时间无法与之取得联系，纷纷猜测他是不是出了什么事，甚至曾有传言说他在回国时有人制造了爆炸事件，飞机失事了。

对于试验基地，第一不能冒顶，第二不能放枪，第三不能污染。通过

周光召　矢志不渝强国梦

多次对新疆戈壁沙漠地区现场勘察和筛选，最后将试验基地定在新疆面积达10多万平方公里渺无人烟的荒漠——罗布泊。为了研制核武器，周光召宵衣旰食，殚精竭虑，常年驻扎大西北，以高原和荒漠为家，生活环境异常艰苦，甚至冒着被辐射的危险。然而，周光召从来都是无怨无悔、无私无畏。

周光召以自己的渊博知识和创新求真的睿智，为我国第一颗原子弹的研究做出了重要贡献。

1961年上半年，第一颗原子弹的总体力学计算正进入非常紧张的阶段。苏联顾问曾向二机部领导介绍情况时口授过几个极其简要的数据，其中有一个关键数据怎么计算也对不上。专家们从不同角度以不同方法查找原因，提出各种改进计算的建议，全过程的计算整整进行了9次，问题始终解决不了。

周光召来到核武器研究所后立即加入了这场科学辩论，他仔细分析了9次计算的全过程，认定大家的计算是合理的。这意味着对苏联专家的数据提出质疑。但是，一个从未搞过原子弹的人想要否定苏联原子弹专家给出的数据，谈何容易！

1961年的夏天，周光召巧妙地以物理学的基本定律"最大功"原理，论证了苏联专家提供的数据"不可能"。这一论证说服了所有在座的专家，第一颗原子弹研制过程中的"拦路虎"这才算是被放倒了，理论设计工作得以继续进行下去。

1963年，在第一颗原子弹设计的紧张工作中，周光召敏锐地察觉到托马斯-费米状态方程的量子修正的重要作用，他花了好几个月的时间，推导出闭路格林函数。这是一项开创性的成果，一直在核武器理论研究中发挥重要作用。

1964年10月15日，已是原子弹试爆前夜，一份急电从基地罗布泊发到北京，电文称突然发现一种材料中的杂质超过了原来的设计要求。于是，

科学家精神 爱国篇

周光召所在的理论小组连夜组织运算，彻夜不眠，直至第二天上午，他将一份计算报告呈送到周恩来总理面前："经计算，我国第一颗原子弹爆炸试验的失败率小于万分之一。"当日下午3时，中国的第一颗原子弹爆炸成功。而后，周光召又在氢弹、中子弹的理论研究工作中继续贡献着自己的力量。

铸就大国重器

作为理论部第一副主任，周光召是核武器理论研究工作的重要领导者。20世纪70年代中期，他担任了北京应用物理与计算数学研究所所长。

氢弹突破后，型号化装备部队成为重要任务。他往返奔走于北京和西北核试验场，参加核试验任务，指导试验后的实验分析，寻求改进设计。我国装备部队的第一代核武器理论设计主要就是在周光召领导下完成的。

在艰难的局面下，周光召坚持以高远的视野审视核武器科技事业发展。当时国际核武器研制工作进展很快，特别是美国，发展了比当量很大的氢弹技术，以及更有威力的新型核武器。在这样的形势下，周光召认为我国的核武器还需要进一步发展，要赶超国际先进水平。

20世纪80年代，我国科学家成功掌握了中子弹和核武器小型化设计技术，完成了我国核武器从第一代向第二代的过渡，使中国的核武器研制水平达到国际前列。

周光召这一批前辈们，带领一批优秀的中华儿女，用最美的青春与非凡的才华，铸就了国防事业坚强基石，使中华民族挺起了不屈的脊梁。

周光召先生后来先后担任过中国科学院院长、中国科学技术协会主席等重要职务，继续在不同领域为推动我国科技事业的发展做出卓越贡献。

（摘编自《周光召：国防科技事业的卓越领导人》，王建国，原载于《物理》，2019年第5期。由崔蕤整理）

黄大年
用生命谱写报国人生

黄大年（1958年8月—2017年1月），著名地球物理学家。长期从事移动平台探测技术研发工作。曾担任国家"深部探测关键仪器装备研制与实验"和"高精度航空重力测量技术"项目的首席科学家，推动我国深地探测装备的自主研发水平达到国际领先地位。2017年，中共中央追授黄大年同志"全国优秀共产党员"称号，中宣部追授黄大年"时代楷模"荣誉称号。入选"庆祝中华人民共和国成立70周年大型成就展"2010—2019年英雄模范人物。

2009年，怀着一腔爱国热情，黄大年从英国剑桥返回祖国。回国7年间，夙兴夜寐，黄大年带领团队在航空地球物理领域取得了一系列卓越成就，以拼命三郎精神叩开"地球之门"，抢占国际前沿科技制高点。

天妒英才，2017年初，黄大年病逝于长春。他用短暂但光辉的一生书写了新时代知识分子的爱国情怀。

科学家精神 爱国篇

"我的祖国更需要我"

2009年12月24日，伦敦希思罗机场清冷的候机厅内，一位中年男子手握国航CA938次航班的机票：中转站——北京；目的地——长春。也许旁人并不知道，这位中年人，正是在英美等国盛名远扬的航空重力学研究和深地探测领域的传奇人物——黄大年。多年的英伦生涯，即便已在剑桥有着花草簇绕的花园洋房，纵使作为麾下三百人"多国军团"科技尖兵的总指挥，还有大好的发展机会……这位胸腔中燃烧着炽热爱国火焰的科学家，毅然放弃了这些在外人看来优渥的物质条件，留给挽留自己的公司负责人一句彬彬有礼且不容反驳的回答："只有一个理由，我的祖国更需要我。再次感谢！"在2009年的那个冬日，他坚定地登上了回国的航班。

怀着报国初心异域求学，攀登学术顶峰，于功成名就之时断弃国外的一切回到祖国，即使妻子需要因此而忍痛关闭苦心经营的两个私人诊所，即使女儿将独自留在英国继续求学，他也未曾动摇……他那坚定地迎着阳光奔向祖国怀抱的身影中，始终如一的，是这个从大山中走出的孩子从未消减的赤子情怀，是他写在毕业留言册的那句"振兴中华，乃我辈之责！"

黄大年1958年出生在广西南宁一个知识分子家庭。他的童年时光是在父母用心的教育和陪伴下度过的，父母与他一起阅读书籍资料，给他讲述很多科学家的故事，从那时开始，在他的心中这些科学家都是大"英雄"，榜样的力量开始生根发芽。在特殊的时代背景下，他辗转度过了小学和初中时期，高中毕业时，从几百人中脱颖而出，成为一名航空物探操作员。1977年，国家恢复高考，他刻苦读书，以优异的成绩考入全家人心中的"地探"学术殿堂——长春地质学院（后并入吉林大学）。

"大年，你们这一代人很幸运，要珍惜时间，早日学成报国。"这是父母来信中的叮嘱，亦是他心中回响不去的声音。整个大学时光，他刻苦钻研，不惧困难，悟性很高，啃得下别人也许只能做很小一部分的习题集，他对物探专业很痴迷，对成才报国更是有着强烈而清晰的目标。从毕业后留校任教，到考取硕士研究生，再到获得"中英友好奖学金项目"全额资助去英国深造，黄大年在科学的春天里，与改革开放后的中国一起追赶着世界。

1996年，黄大年以优异成绩获得英国利兹大学地球物理学博士学位，一年后，进入英国ARKeX公司，一步步成为被仰望和追赶的传奇人物。但学术领域的成就，并未填满他内心深处为祖国保留的位置，他的心，始终朝向祖国。他热情地为到访英国的国内师生提供帮助，发动留学生走上街头担任志愿者助力北京申奥，利用各种假期一次次越过大洲大洋回国讲学，介绍各国专家到吉林大学做讲座……他知道祖国更需要自己。他在等待一个机会。终于，机会来了。母校吉林大学向他发出回国邀请，黄大年的回复迅速、坚定、热切："……作为高端科技人员应该在果实累累的时候回来更好，而我现在正是最有价值的时候，应该带着经验、技术、想法和追求回去，实现报国梦想。"

理解了涌动在黄大年内心深处对祖国的热爱，也许我们才能理解，为何他会在那个向国外朋友热情普及祖国文化的中国

科学家精神 爱国篇

除夕夜，听到春节晚会上唱起"共祝愿祖国好，祖国好"时突然凝立，热泪盈眶；为何他在选择"继续国外优渥的生活"还是"回国面对可能要承担的辛苦"时坚定地说"你知道的，物质条件对我一点儿意义都没有"；为何他如此坚定地拥着痛哭的妻子，一同割舍了剑河畔苦尽甘来的生活……

终于，黄大年回来了！2009年的冬日，他回到了心心念念的故土！在祖国涌动着创新热潮的大地上，他的梦想，重新起航！

为国锻利器　叩开"地球门"

回国后，黄大年就职于吉林大学，迅速开始了忙碌的工作，他仿佛铸剑者，为祖国在航空地球物理领域的目标——巡天探地潜海，向深地深空深海进军铺路筑桥、锻造利器。

2010年开始，黄大年先后担任863计划、"十二五"规划项目——"高精度航空重力测量技术"首席专家、"深部探测技术与实验研究专项"第九项目"深部探测关键仪器装备研制与实验"首席科学家等重任，为祖国的科技发展殚精竭虑。

航空重力测量技术是一项战略尖端技术，美英等国已使用这项技术进行军事防御和资源勘探，就像为移动平台安装"千里眼"，可以透视地下矿藏和潜伏的目标，探测精度和效率非常高，对资源探测和国土安全意义重大。在黄大年的带领下，科学家们将我国对于航空重力测量的研究，尤其是重力梯度仪的研制，从仅停留在理论和实验室样机研究阶段，推进至工程样机研究阶段。在数据获取能力和精度上，使我国与国际研发速度相比至少缩短了10年。而在算法上，则达到了与国际持平的水平。

如果说"高精度航空重力测量技术"可以安装"千里眼"去"扫描"

地下目标，那么"深部探测关键仪器装备研制与实验"项目则是研制给地球做"CT"和"核磁"的仪器装备，让地下两公里甚至更深处都变得"透明"。对中国而言，向地球深部进军已成为必须解决的战略科技问题。我们不仅探测水平落后欧美国家近30年，矿产资源勘探深度平均只有400多米，油气开采平均深度不足4000米，300万平方公里的"海洋国土"也亟待探测和守护。

黄大年针对我国在这一领域落后多年的现实，结合充分的现状调查数据，创新性提出了"红蓝军路线"，即购买"国外最先进的设备，对关键部位和插件进行升级改造，让我们的'蓝军'直接进入'红军'的心脏，一举站到巨人的肩膀上"；建立了移动平台综合数据处理解释一体化软件平台；向科学家们介绍国外开展大科学研究项目的经验，引入项目管理系统……他日夜兼程一路向前，拼尽全力帮助祖国去追赶那些失掉的时间。克服了种种困难，2014年下半年，深探专项第九项目传来捷报。移动平台综合数据处理解释一体化软件平台的24个插件完成了，整个系统实现了升级换代。当初出售平台的公司看好了这套升级后更好用的系统，甚至表达了购买意向。

在"红蓝军路线"指导下的"战役"告捷！中国深探领域的思路也随之打开，深探专项第九项目的核心内容之一——被称为"入地望远镜"的"地壳一号"万米科学钻机，也在这一思路的启发下研制成功，我国完全拥有自主知识产权，中国成为继俄罗斯、德国后，世界上第3个掌握地下万米钻探技术的国家。

回国7年间，为了让祖国快速追赶上那些和先进技术相差的30年，他统筹各方力量，绘就宏大的新兴交叉学科蓝图，用自己的"战略"眼光为国家的深探项目布局谋划；他惜时如金，带他落地的几乎都是午夜航班；他推进项目刻不容缓，闷热的盛夏雨天里，在布满用来挡雨的塑料布的办公室，与学生撑伞坚持工作……在度过了无数个无法成眠的攻坚夜晚，黄大年带领数百名科学家创造了多项"中国第一"：地面电磁探测系统工程样机研制取得显著成果，为产业化和参与国际竞争奠定基础；固定翼无人机航磁探测系统工程样机研制成功，填补了国内无人机大面积探测的技术空白；无缆自定位地震勘探系统工程样机研制突破关键技术，为开展大面积地震勘探提供技术支持；万米大陆科学钻探工程样机"地壳一号"横空出世，超深井大陆科学钻探工程向前迈进……这些成果，为实施国家地球探测计划奠定了技术经验和人才储备，全面提高了我国在地球深部探测重型装备方面的自主研发能力。

深探专项第九项目结题标志着我国深部探测能力已达到国际一流水平，局部处于国际领先地位。我国深部探测5年取得的成果超过了过去50年，国外专业期刊这样评价：中国已正式进入"深地时代"！

心灵所归处　与祖国同在

2016年11月29日，在北京前往成都的飞机上，黄大年又一次晕倒了，在成都市第七人民医院，医生想为他做初步检查，却拿不开他抱在怀里的电脑。过了一会儿，他终于醒来，看到医生后微微一愣，又赶紧摸了摸怀中的电脑，喘了一口气对旁边的同志说："我可能不行了……我要是不行了，请把我的电脑交给国家，里面的研究资料很重要。"

2016年12月14日，是黄大年胆管癌手术的日期。在准备做手术的前两天，晚上12点多，博士生周文月收到了黄大年的短信。短信里说，她去剑桥交流的推荐信已经写好了。"一定要出去，出去一定要回来；一定要出息，出息一定要报国。"

2017年1月4日，手术后第21天，黄大年病情恶化。1月8日下午，人们等来的，是那个令人悲恸、不愿相信、不能接受的消息，黄大年永远地离开了我们。

黄大年　用生命谱写报国人生

黄大年走了，我们再也看不到地质宫507办公室彻夜不熄的灯光……黄大年没有走，他一贯坚持"一个优秀的科学家不仅要具备深远的战略眼光，规划与完成的事情，应该服从于国家需要，应该站位于国际前沿，应该集成符合国家利益的成果，更应该具有可以冲向世界巅峰的创新力量"，这一原则将继续指引更多的科学家在为国奉献的大路上笃定前行！

7这个数字有何特别？光谱7色，音乐7阶……之于黄大年，归国7年，他用炽热的生命描绘了一幅美妙绝伦的深地探索之景，谱写了一曲动人无比的赤子爱国乐章！

冬日的长春，皑皑白雪为英雄送行。这片土地，曾在多年前见证了新中国第一所地质学校——东北地质专科学校的诞生，它的第一任校长，是突破层层阻力回国建设的科学家李四光。多年后，这片土地与人们一道含泪送别心有大我、至诚报国的科学家黄大年。岁月轮回，改变的是祖国从积贫积弱到科技突飞猛进这一路执着前行的巨变，不变的是一代代科学家心向祖国、为国奉献的爱国初心！他们急国所急、赤诚报国，他们半生埋名、为国铸盾，他们勇克困难、终探月宫，他们献身国防、铸就辉煌……不同的领域，不同的人生，不同的乡音，不同的爱好，但这些可爱的科学家们，却拥有同样的精神：胸怀祖国，服务人民！他们以不同的方式，那么浓烈地热爱着祖国和人民！

时光的车轮未曾停转。

祖国腾飞的科技，羽翼渐丰。

那个活在我们心中的黄大年，也永不会……永不会走远！

（摘编自《心有大我　至诚报国——黄大年》，吴晶、陈聪，时代文艺出版社，2017年；《以身许国　叩开地球之门——追记海归战略科学家黄大年（上）》，孟海鹰，原载于《人民日报》，2017年5月18日。由刘伶整理）